SIMONE CECCHI

HOME STAGING

Come Valorizzare, Commercializzare e Rendere Affascinante la Tua Casa in Vendita per Attirare un Maggior Numero di Acquirenti

Titolo
“HOME STAGING”

Autore
Simone Cecchi

Editore
Bruno Editore

Sito internet
http://www.domustime.it

Sommario

Introduzione

Succederà a tutti, almeno una volta nella vita, di dover vendere un immobile. Ci sono tanti modi per farlo ma, i concetti che apprenderai da questo corso saranno comunque molto utili quando ti troverai a dover commercializzare una proprietà immobiliare. Il termine home staging è, ai più, ancora sconosciuto nel nostro paese, ma già dal 2008 si sta diffondendo anche in Italia come un'ottima ricetta anticrisi.

Se sei interessato all'home staging e alle nuove regole per vendere immobili le ragioni possono essere molteplici:

- hai un'agenzia immobiliare e intendi approfondire l'argomento home staging per poter offrire un servizio più completo ai tuoi clienti e distinguerti da altre agenzie sul territorio;
- hai un'impresa edile e desideri velocizzare le vendite degli appartamenti che costruisci;
- sei un investitore che compra e rivende immobili e hai

capito che, con interventi mirati, potresti ottenere ricavi maggiori sulle tue vendite immobiliari;
- sei un privato che intende liquidare una proprietà immobiliare o semplicemente vendere la tua casa per acquistarne un'altra e hai fretta di trovare un acquirente;
- hai una passione o una competenza specifica nel settore e vuoi imparare una nuova professione per poi trasformarla in un vero e proprio business.

Molti dei consigli che apprenderai in questo corso sono indicati per tutti coloro che si troveranno ad affrontare un'esperienza nel settore immobiliare e vogliono ottenere il massimo successo dalla vendita.

Ci tengo a precisare che risultati sono possibili solo se ci si mette impegno, determinazione e solo seguendo le giuste regole.

Buona lettura.

CAPITOLO 1:
Come emozionare per vendere

Prima di tutto direi di partire con un qualche cenno storico: l'home staging nasce negli Stati Uniti agli inizi degli anni Settanta da un agente immobiliare di nome Barb Schwarz (www.stagedhomes.com) e si diffonde rapidamente come tecnica di valorizzazione immobiliare negli Stati Uniti e nel Canada.

In breve tempo l'home staging si afferma come un servizio irrinunciabile sia per gli agenti immobiliari che per i venditori privati. Solo recentemente ha raggiunto i mercati immobiliari europei e dal 2008 si sta diffondendo anche in Italia, dove si organizzano ottimi corsi per apprendere questa professione.

Definiamo l'home staging come «l'arte di presentare una proprietà immobiliare valorizzando gli ambienti e rendendoli più affascinanti per il maggior numero di acquirenti».
Con pochi interventi un home stager, ovvero un professionista che

svolge regolarmente questa professione, è in grado di rendere più attraente una casa in vendita, aumentandone il valore, senza ricorrere a interventi di ristrutturazione troppo invasivi.

SEGRETO n. 1: considera il tuo immobile non come una casa, ma come un prodotto commerciale. In questo modo potrai concentrarti su come presentare al meglio il tuo *prodotto*.

Con il termine home staging parliamo di una tecnica di valorizzazione strategica che permette di migliorare l'estetica di una casa, donandole uno stile semplice ed elegante, al punto da attrarre a sé il maggior numero di potenziali acquirenti interessati.

In Italia, molti immobili in vendita rimangono trascurati poiché il venditore solitamente non ha alcuna intenzione di spendere dei soldi per una ristrutturazione completa. Spesso però bastano pochi ritocchi, purché di grande effetto, ed ecco che arriva una ventata di freschezza in grado di cambiare il volto di un'abitazione senza ricorrere a spese folli. Il principio dell'home staging è proprio quello di risaltare i pregi dell'abitazione e portare l'attenzione dei potenziali clienti verso quei particolari che rimarrebbero nascosti se l'immobile fosse lasciato in stato di abbandono.

La vendita di un immobile è determinata principalmente da:

- posizione geografica;
- valore/prezzo al metro quadro;
- andamento del mercato;
- attributi;
- aspetto.

Le ricerche di settore hanno dimostrato che, nonostante i cinque punti sopraelencati siano di fondamentale importanza, la scelta all'acquisto scaturisce principalmente da fattori emozionali. Dobbiamo quindi concentrarci sulla presentazione della casa facendo in modo di ottenere il massimo risultato estetico/funzionale.

SEGRETO n. 2: esalta i pregi dell'abitazione e porta l'attenzione dei potenziali clienti verso le caratteristiche migliori che la casa possiede.

Con l'utilizzo di strumenti e competenze derivanti dall'interior design e dall'architettura abbinati a una buona creatività, si può davvero cambiare volto a un'immobile. In questo modo si aiuta il visitatore a sentirsi subito a casa.

Lo scopo dell'intervento rimane comunque quello di garantire una vendita rapida e non quello di rendere la casa più bella fine a se stessa. Abitare da diversi anni in una casa fa perdere di vista le reali potenzialità dell'immobile che non è più guardato in modo obiettivo per essere considerato come la "casa ideale" da un possibile acquirente. Il compito di un home stager è proprio quello di valutare la casa non per com'è ma per come potrebbe essere. Ci sono tanti modi per ridare valore commerciale a una casa: ad esempio potresti ridipingere le pareti con colori neutri, cambiare il posizionamento dei mobili, riordinare ed eliminare il superfluo, aggiungere qualche complemento d'arredo e qualche accessorio, cambiare le tende, lavare i tappeti ecc.

Per prima cosa devi considerare che probabilmente le finiture che sono state utilizzate all'epoca non sono più apprezzate oggi. La tappezzeria del soggiorno è da cambiare? Eliminala e dà un'imbiancata generale. Un'ottima rinfrescata può fare subito la differenza sul valore percepito della casa. Ricordati però di utilizzare i colori giusti perché altrimenti potresti ottenere l'effetto contrario. Spesso gli interventi sono semplici e poco costosi ma bisogna avere le competenze per fare le giuste valutazioni.

Ti pongo tre domande:

1) Sapresti migliorare la luminosità degli ambienti?
2) La disposizione dei mobili rispetta le giuste proporzioni?
3) Sai cosa ricerca l'acquirente medio in una casa?

Se sei incerto nelle risposte non preoccuparti, alla fine della lettura di questo corso sarai perfettamente in grado di valutare ed eseguire tutti gli interventi necessari per la valorizzazione di un immobile e potrai ritenerti un esperto in questo settore.

SEGRETO n. 3: non devi vendere la tua casa. Devi vendere emozioni, vendere valori, vendere sicurezza, vendere la prospettiva di una vita migliore grazie all'acquisto della tua casa.

Ti chiederai: «Ma come? Abbiamo parlato fino ad ora di come vendere con successo la propria casa e adesso dici che non dobbiamo vendere la casa?»

Sì! E te lo ripeto: non devi vendere la *tua* casa! Devi vendere sensazioni legate all'acquisto della tua casa. Esistono numerose percezioni legate a un acquisto tra cui il benessere, il relax, il prestigio, gli stimoli, le comodità e le necessità. Quello che si vende sono le sensazioni.

Nel mercato immobiliare ogni persona ha un bisogno logico per acquistare, cioè ha effettivamente bisogno di una casa, ma non di un immobile in generale. Altrimenti non sussisterebbe alcun problema. Un individuo data la necessità di possedere una casa,

apre un periodico di zona e la prima che trova la compra. Tutti però sappiamo che non è così!
Devi quindi pensare che una persona che cerca casa ha il desiderio di trovare la casa ideale, e andrà in giro con un assegno in tasca pronto a diventare tuo, se sarai in grado di proporgli la tua casa in condizioni tali che chiunque voglia andarci a viere.

Da cosa una persona può essere attratta nella ricerca e nella scelta della propria abitazione? La scelta di quale casa acquistare è sempre una scelta *emotiva*. Possono volere una casa di una certa grandezza, di determinati metri quadri, in una certa zona, in un determinato quartiere, e per questioni di status la loro decisione può essere basata anche sul costo quindi sul budget, ma di questo parleremo più avanti.

È dimostrato che l'emozione attiva il cervello circa 3000 volte più efficacemente rispetto al pensiero. Studiando le abitudini quotidiane delle persone è riscontrato che, facendo la spesa, un consumatore è disposto a spendere fino al 200% in più di quanto si era prefisso, quando la scelta di determinati prodotti è basata sull'emozione anziché su motivazioni razionali.

L'home staging è una pratica che agisce proprio su queste emozioni, sulle sensazioni, sugli stati d'animo, ed è proprio con questo fine che si basa ogni intervento.

Ognuno di noi ha bisogno di trovarsi in uno stato d'animo positivo e sereno per prendere le decisioni importanti della vita: la scelta della casa, fa parte di queste scelte importanti. L'home staging è in grado di intervenire sullo stato d'animo del visitatore mettendolo nelle condizioni migliori per vedere quella casa, come l'abitazione ideale.

Anthony Robbins afferma che: «Uno stato d'animo può essere definito come la somma di milioni di processi neurologici che hanno luogo dentro di noi, in altre parole il totale delle nostre esperienze in quel momento. Gran parte dei nostri stati d'animo si verifica senza che da parte nostra ci sia un controllo conscio. Vediamo qualcosa e reagiamo entrando in un certo stato d'animo».

Un bravo venditore sa che le persone comprano prima di tutto per soddisfare un desiderio e non per necessità.

Fin da piccoli siamo stati attratti dalle cose che ci piacciono e dalla soddisfazione di realizzare qualcosa che ci faccia sentire bene con noi stessi e con gli altri. Molto spesso gli agenti immobiliari si prendono il merito di una trattativa andata a buon fine, sostenendo di aver convinto il cliente con le proprie capacità di venditori e grazie a tecniche di persuasione efficaci.

L'home staging insegna invece che esistono fondamentalmente due fattori che incidono sull'acquisto di un bene immobile: la logica e l'emozione, e tra le due, l'emozione prende sempre il sopravvento sulla logica durante la scelta della propria casa. Questo vuol dire che, per quanto un venditore sia bravo, per quanto insista, per quanto si tratti di un affare, se la casa non soddisfa le nostre emozioni, non concluderemo mai l'acquisto. Non è forse così?

Bisogna quindi per prima cosa coinvolgere emotivamente il potenziale cliente per attrarlo all'acquisto di una casa e, solo in un secondo momento, si devono rafforzare le sue motivazioni logiche.

Le persone non comprano mai in base a ragionamenti esclusivamente logici, questo vale per qualsiasi cosa e non solo per le abitazioni. Pensa ad esempio alla tua automobile: hai scelto l'auto che aveva le componenti tecniche più adeguate per farti raggiungere in modo più rapido ogni tipo di destinazione?

Certo che no!

Hai scelto quell'auto perché rappresentava emotivamente il tipo di vettura ideale per te, anche se probabilmente a parità di costo ne avresti trovate decine di altre. Può averti spinto all'acquisto la pubblicità in televisione, la storicità del marchio oppure il modello particolarmente di tendenza ma sicuramente ti sei lasciato trasportare dal fattore emotivo. Chi acquista un orologio di lusso lo fa per il prestigio che quell'orologio rappresenta, non semplicemente per leggere l'ora.

Le persone non comprano con logica ma per una questione emotiva che giustificano con la loro logica. Spesso confrontiamo la nostra paura di fare un acquisto sbagliato con le ragioni logiche che ci suggerirebbero di acquistare immediatamente il prodotto o il servizio che ci viene presentato dal venditore. Le paure riguardo alle conseguenze dell'acquisto possono includere: la perdita di denaro, il fatto che "non funzionerà", la perdita di rispetto degli altri per aver preso una decisione sciocca o anche il disagio e la delusione che ne derivano. Le ragioni emotive che invece ci inducono a effettuare immediatamente l'acquisto includono i nostri desideri, ciò che vogliamo, il nostro desiderio di evitare il dolore derivante dal non godere di quell'acquisto.

Durante la trattativa devi essere sicuro che le persone alle quali stai proponendo la tua casa in vendita o in locazione abbiano le ragioni emotive che le spingano a comprare subito la casa e, allo stesso tempo, che abbiano anche delle ragioni logiche per comprare immediatamente.

Ovviamente sia le ragioni logiche sia quelle emotive devono essere più forti delle ragioni che i clienti hanno per non comprare. Infatti, se una persona non compra la tua casa, vuol dire che le sue ragioni dominanti per evitare di comprare sono più forti delle ragioni logiche ed emotive che gli abbiamo suggerito presentando la casa in un certo modo.

SEGRETO n. 4: coinvolgi il visitatore orientando la sua decisione verso l'acquisto. Devi proporgli la casa come una bomboniera che chiunque vorrebbe possedere.

Ogni uomo o donna, prima di fare un acquisto, immagina cosa andrà ad acquistare. L'immaginazione, la creazione di immagini nella nostra mente, è un processo potentissimo che direziona le nostre scelte verso la risoluzione di un problema.

Logicamente una persona abituata a vivere in una villa di 600 metri quadri non sarà mai attirata da un appartamento in periferia di 50 metri quadri per quanto bello esso sia, mi spiego?

Quella che per me sarebbe “la casa dei sogni” probabilmente per Donald Trump sarebbe al massimo un piccolo immobile da mettere a reddito.

Una famosa citazione di Voltaire diceva: «Chiedi al rospo che cosa sia la bellezza e ti risponderà che è la femmina del rospo».

RIEPILOGO DEL CAPITOLO 1:

- SEGRETO n. 1: Considera il tuo immobile non come una casa, ma come un prodotto commerciale. In questo modo potrai concentrarti su come presentare al meglio il tuo *prodotto*.
- SEGRETO n. 2: Esalta i pregi dell'abitazione e porta l'attenzione dei potenziali clienti verso le caratteristiche migliori che la casa possiede.
- SEGRETO n. 3: Non devi vendere la tua casa. Devi vendere emozioni, vendere valori, vendere sicurezza, vendere la prospettiva di una vita migliore grazie all'acquisto della tua casa.
- SEGRETO n. 4: Coinvolgi il visitatore orientando la sua decisione verso l'acquisto. Devi proporgli la casa come una bomboniera che chiunque vorrebbe possedere.

CAPITOLO 2:
Come dare valore a un immobile

La presentazione ottimale di una casa va al di là della decorazione e della pulizia. Si tratta di perfezionare, risaltare, enfatizzare e stimolare emozioni.

Un intervento di home staging ha come obiettivo quello di migliorare l'aspetto della casa, che è un passaggio importantissimo per facilitarne la vendita alle migliori condizioni. L'home staging, attraverso interventi mirati, fa apparire gli ambienti più grandi, più luminosi, più puliti, più caldi e più amorevoli ma più di tutto emoziona gli acquirenti a tal punto da voler abitare in quella casa!

Contrariamente a quanto si potrebbe pensare, è più che preparare la casa per la vendita. La messa in scena è ciò che si fa dopo aver pulito, spersonalizzato, dipinto, fatto le riparazioni minori ecc. Si tratta di *vestire* la casa per la vendita. Insomma, come fargli indossare l'abito da cerimonia. Vuol dire aggiungere piccoli dettagli: il cuscino, i tessuti, le tende e, per semplicità, un favoloso, unico profumo di lavanda.

Per esempio potrebbe essere difficile credere che cambiando posto a un solo elemento presente in casa potresti modificare immediatamente il modulo emozionale del visitatore, quindi del possibile acquirente, o che semplicemente cambiando la percezione che consciamente o inconsciamente hai della tua casa in vendita, potresti variare immediatamente l'obiettivo su cui concentrarti e quindi le azioni che fai ogni giorno per proporre al meglio la casa.

SEGRETO n. 5: il successo parte da una decisione: decidi di compiere azioni mirate per la riuscita della vendita della tua casa. Non accontentarti mai. Se sai di poter fare meglio, fallo!

Azioni diverse producono risultati diversi. Perché? Perché ogni azione è una causa messa in moto e il suo effetto si somma a effetti precedenti per spingerci verso una precisa direzione. In definitiva, se vogliamo dirigere la vendita verso il gradino più alto, dobbiamo assumere il controllo di specifiche azioni da mettere in pratica. Le domande chiave da porsi per raggiungere un ottimo risultato sono tre:

1) Come posso far sì che il mio annuncio sia più efficace dei centinaia di altri annunci presenti sul mercato?
2) Come posso aumentare il numero di visite per il mio immobile e avere, automaticamente, più probabilità di venderlo?
3) Come posso suscitare emozioni e stimoli positivi al possibile acquirente al momento della visita?

Se decidi che la crisi del settore immobiliare non ti ostacolerà perché tu agirai per avere un vantaggio enorme che altri non hanno, allora agisci! Questo farà la differenza fra te e gli altri.

SEGRETO n. 6: agisci strategicamente per raggiungere l'obbiettivo e pianifica il risultato che vuoi ottenere. Senza una buona rotta da seguire non puoi sperare di arrivare alla meta.

«Devo vendere al più presto questa casa senza rimetterci dei soldi perché voglio acquistarne una più grande. Mi piacerebbe che questo accadesse a patto di non dover muovere un dito».

Questa non è azione! Questa è solo una debole preghiera che non ti porterà da nessuna parte e non migliorerà la condizione di essere competitivi sul mercato. Bisogna comprendere e saper controllare gli stati d'animo, ma per fare questo ci vuole disciplina. Che cos'è la disciplina? La disciplina ti permette di controllare le tue emozioni per trasformarle in azioni.

È il valore percepito che fa la differenza! Se dici a te stesso: «Voglio vendere questa casa a 100.000 euro e trarne un profitto» devi prima chiederti, per pianificarne la riuscita, se questo è realmente possibile. Tutti vogliamo più soldi ma spesso li cerchiamo nel posto sbagliato.

Cerca quindi di seguire bene tutti i consigli che troverai di seguito e di sfruttare a tuo favore i segreti dell'home staging. Non escludere nessun lavoro tra quelli elencati e segui l'ordine con cui sono riportati. Questo ti porterà al successo nella vendita. È come preparare una torta: ci vogliono determinati ingredienti ma anche determinate quantità. Osserva questa immagine per 30 secondi poi prosegui la lettura:

Ora chiudi gli occhi e cerca di *non* pensare al bottone giallo che hai visto nell'immagine.

Scommetto che il bottone giallo è quello che vedevi in modo più nitido nella tua mente, e sai perché succede? Perché gli altri bottoni, proprio perché sono tutti uguali, difficilmente catturano la tua attenzione e il tuo interesse.

Accadrebbe la stessa cosa al contrario ovvero, se tutti i bottoni fossero gialli e ce ne fosse soltanto uno verde, la tua attenzione inevitabilmente cadrebbe su quello verde. Il tuo inconscio, volente o nolente, porrebbe più attenzione verso il bottone diverso dagli altri proprio perché è *unico*.

La tua casa in vendita dovrà essere il bottone giallo in un mondo di bottoni verdi.

SEGRETO n. 7: rendi unico il tuo immobile. L'efficacia dell'unicità che provocherà alla vista e all'inconscio del visitatore interessato all'acquisto lo porterà a ricordarsi prevalentemente della tua casa rispetto a tante altre.

Immagina di percorrere una strada di montagna e vedere delle mucche al pascolo: la cosa non ti rimarrà impressa più di tanto, fin quando non vedi tra le mucche marroni, una mucca viola! Questa immagine ti accompagnerebbe per molto tempo grazie alla sua stupefacente unicità.

È proprio questo che spiega Seth Godin nel suo famosissimo libro *La mucca viola. Farsi notare (e fare fortuna) in un mondo tutto marrone*.

Un errore comune a molti è quello di perdere di vista l'obbiettivo principale: vendere. Per vendere un prodotto è necessario compiere azioni di marketing mirate (ti ricordo che la tua casa, qualora debba essere venduta, diventa un prodotto).

Possiamo definire, con il termine *marketing*, «l'insieme delle attività dirette a individuare la presumibile domanda di mercato, a scegliere mezzi e tipologia di pubblicità, a organizzare la distribuzione nei prodotti per aumentare vendite e profitti» (Fonte: www.economix.rai.it).

Di definizioni se ne trovano diverse ma descrivono tutte il medesimo concetto. Ora poniti la seguente domanda: «Come posso intervenire sulla mia casa per venderla nel minor tempo possibile e alle migliori condizioni?»

La prima cosa da fare, prima di pianificare il lavoro, è quella di individuare il target market cui appartiene il tuo immobile ovvero, la nicchia di mercato a cui rivolgersi per proporlo. Questo è un punto fondamentale da tenere in considerazione se si vuole svolgere un buon intervento di home staging mirato.

Esempio: se l'appartamento si trova al terzo piano senza ascensore, possiamo già escludere una fetta consistente di utenti cui potrebbe fare gola. Se poi è situato nei pressi di un'università e in una zona che offre diversi servizi pubblici agli studenti, si ricavano informazioni ancora più precise per individuare il bacino d'utenza cui puntare.

In questo caso, molto probabilmente, chi acquisterà l'appartamento sarà un ragazzo o una giovane coppia, oppure un investitore che desidera mettere a reddito l'appartamento ma difficilmente ci sarà interesse da parte di una persona anziana o di persone che amano la tranquillità (a causa della mancanza dell'ascensore e della zona caotica). Questo è un piccolo esempio di alcune importanti informazioni che si ricavano esaminando solo pochi dettagli.

Intervenire su un appartamento come quello considerato fin ora e renderlo appetibile a una nicchia giovane implicherà l'utilizzo di dettagli, finiture e arredamento specifici, sicuramente diversi rispetto a un intervento in un lussuoso appartamento storico dei primi del Novecento.

Questo non vuol dire necessariamente che dovrai sostituire tutto il pavimento o stravolgere gli elementi architettonici dell'immobile, ma vorrà dire fare una selezione di colori, stampe e quadri, tappeti e tende, fiori ecc. adeguata a un cliente giovanile e alla moda.

Di seguito elenco sei consigli (non regole) che ti permetteranno di iniziare il processo di azione:

1) **Fai una lista con i pregi e i difetti della casa**: essere obiettivi è il primo passo per programmare i miglioramenti da apportare alla casa. Ricordati che se trovi i difetti della casa prima che li vedano i visitatori sei in tempo per sistemarli.
2) **Fai le riparazioni necessarie**: senza fare una ristrutturazione completa, puoi presentare la casa molto meglio con piccoli ritocchi. Se la casa è usata, fai in modo di sostituire o sistemare tutti gli elementi in cattivo stato, stucca le pareti crepate, cambia le lampadine bruciate o sostituisci i lampadari, cambia le tende ingiallite ecc. Se invece la casa è nuova dai una tinteggiata alle pareti con colori tenui; l'effetto che otterrai con 300 euro di vernice sarà fresco e accogliente.
3) **Pulisci ovunque**: la pulizia di una casa non è mai troppa e l'ordine è fondamentale per rendere al meglio la sensazione di pulito, quindi riordina e riponi in scatoloni tutti gli oggetti che ora sono sparsi per la casa e portali via, sbarazzati di ciò che non ti serve; se tanto non lo fai ora, dovrai sempre farlo dopo

aver venduto la casa. Lascia solo lo stretto indispensabile, elimina tende e tappeti vecchi, lascia che l'ambiente rimanga leggero e ordinato. Non dimenticare di pulire bene i vetri delle finestre per far entrare più luce naturale all'interno delle camere.

4) **Guarda la casa con l'occhio critico di un visitatore interessato all'acquisto**: esci dalla porta di ingresso e guarda la casa come se fosse la prima volta che la vedi. Ti accorgerai subito che ci sono tanti oggetti che per te hanno una funzione ma per altri possono non avere senso. Fai spazio, in ogni stanza senza dimenticarti di corridoi e ripostigli; i mobili troppo voluminosi spesso nascondono le reali proporzioni della stanza.

5) **Aggiungi valore**: bastano pochi oggetti come un bel vaso, delle candele profumate, dei cuscini colorati, dei fiori freschi (meglio bianchi o gialli), qualche tessuto caldo servirà a fare una buona impressione al visitatore. Anche della lampade qua e là ti aiuteranno a creare la giusta atmosfera.

6) **Nascondi i tuoi oggetti personali**: il visitatore non deve vedere oggetti riconducibili al proprietario di casa. Non è buona cosa lasciare in bella vista foto, soprammobili,

collezioni di oggetti, poster, quadretti religiosi, medicinali ecc. Bisogna assolutamente evitare stili particolari in casa: non troppo moderna e non troppo classica, mantieni uno stile decisamente neutro.

SEGRETO n. 8: dissociati dalla tua casa. Dì a te stesso: «Questa non è più casa mia, è *una* casa». Se cerchi di vendere ma hai dei rimpianti difficilmente riuscirai ad agire correttamente per ottenere il successo nella vendita.

Ogni venditore vuole vendere velocemente e a un buon prezzo la propria casa, ma non è la fortuna che fa sì che questo accada. Ci vuole un'attenta pianificazione e una certa professionalità nel sistemare gli ambienti per fare in modo che gli acquirenti corrano a prendere il libretto degli assegni.

Bisogna considerare la casa come un prodotto che deve essere venduto. Molto simile a un'invitante scatola di cioccolatini esposta sullo scaffale di un negozio di generi alimentari. Prendi la decisione mentale di "lasciarti andare" e concentrati sul fatto che presto questa casa non sarà più tua e che vendendola ne ricaverai un grande beneficio economico quindi dì addio a ogni stanza e non guardare indietro.

Di seguito ti mostrerò come preparare correttamente un immobile e come trasformarlo in una casa irresistibile e commerciabile. Segui la guida *step by step* senza saltare nessun punto e cercando di mantenere l'ordine proposto:

- **Come spersonalizzare**: impacchetta quelle fotografie personali e cimeli di famiglia. Gli acquirenti non devono vedere i tuoi artefatti personali, la loro concentrazione non deve essere distolta dalla casa e dai pregi che essa offre. Bisogna fare in modo che l'acquirente immagini le *sue* foto sulle pareti, sugli scaffali, sulle mensole e questo risulta difficile se ci sono le tue. L'acquirente non deve chiedersi «Che tipo di persone vivono qui?» ma deve dirsi: «Voglio venire a vivere qui».
- **Come riordinare**: le persone raccolgono una quantità incredibile cianfrusaglie. Nel 90% dei casi sono oggetti inutilizzati e ormai superati che, forse per bontà o per pigrizia, non vengono gettati via. Considera questo: se un oggetto non viene utilizzato per un anno allora vuol dire che non se ne ha

più bisogno. Se non ne hai bisogno, perché non donarlo o gettarlo via? Quindi rimuovi tutti i libri dalla libreria. Rimuovi tutto sul piano di lavoro della cucina. Sistema gli elementi essenziali utilizzati quotidianamente in una scatola di piccole dimensioni che può essere archiviata in un armadio quando non si usano (passaggio fondamentale). Pensa che, ad ogni modo, una volta venduta la casa, dovrai comunque affrontare questa sistemazione, quindi perché non farla prima? Riorganizza gli armadi della stanza da letto e gli scaffali della cucina. I possibili compratori amano curiosare ovunque quindi apriranno tutte le ante. Pensa al messaggio negativo che invieresti se gli oggetti fossero lasciati in disordine fuori dagli armadi! Ora immagina invece il pensiero positivo di un acquirente quando apre gli armadietti e vede tutto bene in ordine e organizzato con cura. Ciò significa: vasi delle spezie in ordine alfabetico, piatti ordinati nello scolapiatti (o in lavastoviglie), tazze di caffè posizionate con i manici di fronte rivolti allo stesso modo, camicie, magliette, polo, maglioni messi in ordine in gruppi (non tutti insieme abbottonati al disordine) e di fronte nella stessa direzione. Scarpe possibilmente in una scarpiera o ordinate nelle loro scatole ma assolutamente non in giro per la stanza e assolutamente non a vista. Sostituisci anche la tenda della doccia, se presente.

- **Come ri-arredare**: la parola d'ordine è *essenziale*. Quasi ogni casa si mostra meglio con meno mobili. Rimuovi i pezzi di arredamento che bloccano o ostacolano i percorsi e le passerelle e mettili in un deposito. Rimuovi gli oggetti extra dal tuo tavolo da pranzo, questo renderà la stanza ancora più grande. Lascia solo i mobili necessari ai fini di ogni stanza per risaltare l'abbondanza di spazio per muoversi. Evita che gli acquirenti si grattino la testa dicendo: «Che cosa è questa stanza? Per quale scopo viene utilizzata?»
- **Rimuovi o sostituisci i tuoi elementi personali**: se ci sono delle particolarissime tende alle finestre, sgargianti e colorate, che magari ti sono state regalate dalla zia durante la lista nozze, rimuovile subito. Se il lampadario nella sala da pranzo, una volta appartenuto alla tua bisnonna, è molto appariscente e invasivo, devi sostituirlo. Tutti gli oggetti personali, dal quadretto ricamato a mano con incise le tue iniziali, al poster nella stanza da letto raffigurante il tuo film preferito, devono essere assolutamente rimossi e sostituiti con quadretti neutrali (i poster è preferibile evitarli, meglio quadri anonimi).

NO **SI**

Evita anche di lasciare in vista santini e oggetti religiosi; potrebbero infastidire il possibile acquirente nel caso non avesse la stessa inclinazione religiosa e quindi comprometterebbero la riuscita della vendita. Un altro dettaglio importante è eliminare lo stemma con il nome di famiglia sulla porta d'ingresso e sul campanello.

- **Fai piccole riparazioni e rinfresca gli ambienti**: sostituisci le piastrelle rotte dei pavimenti o del rivestimento cucina se possibile. Stucca i buchi nei muri. Sostituisci il rubinetto che perde. Regola la porta che cigola e non si chiude correttamente. Regola le ante e i cassetti della cucina. Rinfresca le pareti imbiancando con colori neutri, specialmente se si è abituati a pareti viola o rosa.

Non dare agli acquirenti alcun motivo per ricordare la tua casa come *la casa con la sala arancione*. Ottimi i colori come il bianco, avorio, beige, corda e tortora, mantenendo sempre una linea tenue e rilassante. Anche solamente il profumo di vernice fresca appena stesa diffonderà negli ambienti una sensazione di pulito e di nuovo che il visitatore apprezzerà e di cui terrà conto durante la sua valutazione. Non dimenticare di sostituire le lampadine bruciate e ogni piccolo dettaglio che anche tu noteresti subito come "pecca" visitando una casa da acquistare. Se hai considerato di sostituire il tuo copriletto usato, fallo ora!

- **Come rendere la casa splendente**: lava le finestre dentro e fuori. Puoi anche affittare un'idro-pulitrice per pulire i pavimenti e le fughe delle piastrelle. Smacchia con cura i tessuti dei divani macchiati. Pulisci e rimuovi le ragnatele. Fondamentale sarà pulire benissimo il bagno: vasche, docce e lavelli. Lucida i rubinetti cromati e gli specchi. Pulisci e svuota completamente il frigorifero (magari puoi lasciare all'interno solamente bottiglie di vetro d'acqua fresca chiuse). Dai la cera ai pavimenti; se la casa ha un vecchio parquet pregiato, chiama un parchettista e fai lucidare il pavimento per ridare lo splendore e il valore di un tempo. Sarebbe un peccato nascondere sotto la polvere un materiale pregiato e le parole non contano quanto vederlo con i propri occhi. Lucida anche i mobili in legno. Spolvera le pale del ventilatore a soffitto e i lampadari. Sostituisci i tappeti usati o portarli a lavare se sono ancora belli. Metti degli asciugamani puliti e profumati in bagno, magari con nastri e fiocchi colorati, sistemali appesi in ordine o ben piegati. Fai in modo di rimuovere la muffa negli angoli. Profuma tutti gli ambienti con incensi o con diffusori dagli aromi floreali.

- **Comportati come un possibile acquirente di casa tua**: recati fuori della porta d'ingresso. Rimani lì. Vuoi entrare? La casa ti dà il giusto benvenuto? Resta sulla porta di ogni singola camera e cerca di immaginare come verrà vista la tua casa dagli occhi critici di un acquirente. Esamina attentamente come sono disposti i mobili e i relativi soprammobili. Assicurati che le tende e i rivestimenti della finestra pendano a livello. Entra in sintonia con l'affermazione della stanza e la sua attrazione emotiva. La casa ha su di te un impatto positivo e accogliente? Sì? Allora hai quasi finito.
- **Check-up completo**: se un acquirente non vorrà nemmeno

scendere dalla macchina, perché non gradisce l'aspetto esterno della tua casa, non deciderà mai di entrare o quantomeno di fare una proposta. Non dimentichiamoci mai che esistono anche gli esterni: facciata, balcone, giardino, marciapiede, aiuola, box auto, cantina ecc. Quindi: fai in modo di mantenere i marciapiedi puliti, almeno di fronte alla tua cancellata. Falcia l'erba nel giardino ed elimina le foglie secche sul percorso. Taglia i cespugli e le erbacce. Assicurati che i visitatori possano chiaramente leggere il numero civico della casa. Vernicia le griglie della finestra sbiadita sulla facciata. Sistema le piante e i vasi usando molti fiori in gruppo. Le margherite sono quelle consigliate e quelle più economiche. E il set è servito.

SEGRETO n. 9: scegli dei fiori gialli per gli allestimenti. Il giallo evoca un sentimento rivolto all'acquisto e genera buon umore quindi è consigliabile l'utilizzo di colori gialli sia nei fiori che nei quadri.

Se hai seguito ogni passo con attenzione, avrai ottenuto il risultato che speravi. Quel risultato farà la differenza tra la tua casa in vendita e quelle dei concorrenti. Fatti i complimenti!

Immagina che enorme vantaggio avresti eseguendo correttamente tali interventi. In un mercato sempre più saturo di immobili, nuovi e usati, chiunque debba acquistare una casa mantiene una media di 10 proprietà visitate prima di prendere una decisione. Ma sul territorio, di proposte che rispondono alle varie esigenze ce ne saranno diverse decine. Vedere una casa in ordine, con un aspetto accogliente e con un ottimo profumo di pulito che percorre ogni stanza, permetterebbe al visitatore di valutare con serenità se quella casa è o non è adatta a lui, senza scartarla a priori perché sporca e in cattive condizioni. Le statistiche dimostrano che l'aspettativa dei compratori, durante la ricerca della casa, è quella di dover intervenire per renderla abitabile dopo l'acquisto.

Questo accade perché si è troppo abituati a visitare case in vendita in cattive condizioni e pensare che sia la norma, che sia "normale" vendere una casa fatiscente, sporca e abbandonata a se stessa. La realtà è che non è così! Questo è dovuto a una cattiva abitudine che il mercato immobiliare si trascina dietro da anni peggiorando la sua reputazione agli occhi dei compratori.

SEGRETO n. 10: comportati con la tua casa in vendita come ti comporteresti con la tua auto in vendita. Venderesti mai la tua auto, senza prima lavarla e profumarla? No, vero? Allo stesso modo non dovresti farlo con la tua casa.

RIEPILOGO DEL CAPITOLO 2:

- SEGRETO n. 5: Il successo parte da una decisione: decidi di compiere azioni mirate per la riuscita della vendita della tua casa. Non accontentarti mai. Se sai di poter fare meglio, fallo!
- SEGRETO n. 6: Agisci strategicamente per raggiungere l'obbiettivo e pianifica il risultato che vuoi ottenere. Senza una buona rotta da seguire non puoi sperare di arrivare alla meta.
- SEGRETO n. 7: Rendi unico il tuo immobile. L'efficacia dell'unicità che provocherà alla vista e all'inconscio del visitatore interessato all'acquisto lo porterà a ricordarsi prevalentemente della tua casa rispetto a tante altre.
- SEGRETO n. 8: Dissociati dalla tua casa. Dì a te stesso: «Questa non è più casa mia, è *una* casa». Se cerchi di vendere, ma hai dei rimpianti difficilmente riuscirai ad agire correttamente per ottenere il successo nella vendita.
- SEGRETO n. 9: Scegli dei fiori gialli per gli allestimenti. Il giallo evoca un sentimento rivolto all'acquisto e genera buon umore quindi è consigliabile l'utilizzo di colori gialli sia nei fiori che nei quadri.
- SEGRETO n. 10: Comportati con la tua casa in vendita come ti comporteresti con la tua auto in vendita. Venderesti mai la

tua auto, senza prima lavarla e profumarla? No, vero? Allo stesso modo non dovresti farlo con la tua casa.

CAPITOLO 3:
Come pubblicare un ottimo annuncio

Una volta stabilito il prezzo di vendita e preparata adeguatamente la casa come descritto nei capitoli precedenti, possiamo passare alla promozione della vendita. Oggi per la promozione immobiliare ci sono numerose strategie di marketing ma questo non significa che siano tutte quante efficaci e che garantiscano un'ottima visibilità.

Il compito di un buon marketing immobiliare è quello di sviluppare interesse, tramutarlo in visite e quanto più possibile generare proposte d'acquisto. C'è chi utilizza ancora oggi metodi alquanto obsoleti per la promozione di un immobile, ad esempio lasciare volantini sotto i tergicristalli delle auto o attaccare fogli alle pensiline degli autobus o sui lampioni. Non è escluso che funzioni, tutto sommato ritengo che siano metodi poco "eleganti". Ad ogni modo gli esperti del settore consigliano per questo tipo di sistemi, di non badare troppo alla perfezione. Un foglio di carta semplice, scritto con pennarello e poi fotocopiato, sembra che attiri di più di un volantino vergato con gli eleganti caratteri di un computer, perché è più *privato*. Può essere vero ma ricordatevi sempre di valutare se la vostra situazione e se le caratteristiche della casa sono idonee a questo tipo di promozione.

Il classico cartello VENDESI esposto sul portone d'ingresso o sulle cancellate dell'edificio resta sempre e comunque lo strumento più tradizionale, anche se ricordiamoci che da visibilità alla casa solo nella zona limitrofa e non su larga scala. Per diffondere l'annuncio in tutta la città e provincia si usano le inserzioni sui giornali periodici e giornaletti specializzati, che consentono di lasciare una descrizione completa dell'immobile e allegare anche una o più fotografie.

Ci sono numerosi giornalini come questi e si possono trovare ormai ovunque, dall'edicola ai contenitori sui marciapiedi, e si differenziano per gratuiti oppure a pagamento. Per un target più indifferenziato ci sono le inserzioni sui portali specializzati, che consentono di effettuare una descrizione completa dell'immobile, di solito più ampia di quanto si possa fare sui giornalini. Si possono poi inserire numerose fotografie con la possibilità di ingrandirle e salvarle a piacimento.

La rivoluzione tecnologica ha contribuito alla creazione di clienti nuovi, più sofisticati, più informati e con cui bisogna agire in modo diverso. Oggi il cliente può essere fisicamente ovunque. In ogni parte del mondo chiunque può vedere la tua casa in vendita ed essere interessato all'acquisto. E con la quantità di offerte che ci sono oggi, è già un successo far si che la tua casa venga notata tra le centinaia di proposte sul mercato. Il cliente moderno oggi impiega meno tempo e vede molte più case senza necessariamente visitarle di persona.

Con i sistemi multimediali attuali può richiedere avvisi di segnalazione quotidiana, avvisi su eventuali ribassi, effettuare visite virtuali e comunicare con il venditore in modo rapido ed efficace. Vent'anni fa si vendeva in modo diverso, gli annunci si pubblicavano sui quotidiani di zona e venivano posizionati dei cartelli in zone limitrofe, sui lampioni o sui parabrezza delle auto. Oggi internet offre strumenti indispensabili per dare visibilità alla propria casa in vendita ma ripeto, con una massa così ampia di offerte è molto più difficile farsi notare.

Con un click si passa all'annuncio successivo nel giro di pochi secondi. Inoltre spesso il potenziale acquirente chiede informazioni più precise riguardo alla casa mandando un'email: in questo caso bisogna rispondere tempestivamente per evitare che perda interesse verso la tua proposta.

Ecco quali sono i fattori essenziali che catturano l'attenzione di un acquirente durante la selezione degli annunci:

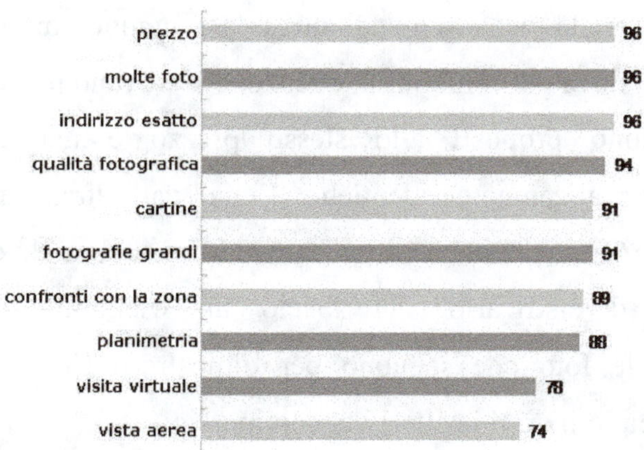

Il grande Steve Jobs lo ripeteva sempre: «*Think different*», ed è diventato così lo slogan della Apple Computer in uso tra la fine degli anni Novanta e l'inizio del 2000.

Oggi le regole per vendere sono cambiate, quindi chi continua a lavorare e proporsi come faceva anni fa, molto probabilmente non sta ottenendo grossi risultati. E la causa di tutto questo non è la crisi né le persone, benché più diffidenti; la causa di tutto questo è l'evoluzione. Per fortuna esiste l'evoluzione. Il cliente è evoluto, a volte è più preparato del commerciante e quindi noi dobbiamo essere pronti a non tradire le sue aspettative.

Se devi vendere la tua casa e vedi altri trenta annunci immobiliari simili al tuo, dove gli immobili in questione si trovano nella stessa zona, vengono proposti allo stesso prezzo e magari con descrizioni praticamente identiche l'una dall'altra, tu cosa dovresti fare? Scrivere anche tu un annuncio in quel modo oppure provare a diversificarlo? Ti faccio un esempio concreto utilizzando le foto che seguono per dimostrarti l'efficacia di questo principio in tutti i settori del commercio:

Immagina di navigare su un sito di annunci di auto usate e di imbatterti in due annunci con le stesse vetture, le stesse caratteristiche e lo stesso prezzo. I due annunci si differenziano soltanto dalle foto, nel primo ci sarà la foto di sinistra e nel secondo quella di destra. Quale dei due annunci avrà maggiore influenza su di te? Sicuramente il secondo annuncio, che grazie a una fotografia di qualità ti fa preferire quello agli altri, giusto?

Le foto che vedi sopra rappresentano la stessa macchina, con la differenza che in quella di destra è stata posta la massima attenzione nell'immortalare l'auto nelle sue migliori condizioni. Il successo nella vendita sarà direttamente proporzionale alla qualità della descrizione e alla qualità della foto mostrata nell'annuncio. La stessa cosa accade con gli immobili.

Usa l'esempio dell'auto che ho citato sopra per renderti conto se il tuo annuncio è di ottima qualità o se è di qualità scadente.
Poniti le seguenti tre domande:

1) Ho fatto davvero del mio meglio per scrivere questo annuncio?
2) Le foto che ho pubblicato fanno onore alla mia casa o avrei potuto scattarne di migliori?
3) Il mio annuncio spicca oppure si confonde tra tutti gli annunci presenti?

Queste io le chiamo *domande correttive* e servono appunto a farti correggere la rotta nel caso stessi sbagliando qualcosa senza accorgertene.

Ora parliamo un po' di pubblicità. Esattamente come avviene per un prodotto da commercializzare: potrebbe essere il migliore sul mercato, ma se nessuno lo conosce, non si venderà mai. Le migliori aziende sono quelle che hanno saputo farsi conoscere e comunicare ai consumatori le qualità dei loro prodotti o servizi. Per gli immobili vale la stessa regola.

SEGRETO n. 11: individua i pregi della casa e mettili in

evidenza. Se la tua casa ha un grande potenziale, ma viene presentata in un cattivo stato sugli annunci e sui siti di settore, nessuno la noterà.

Alcuni scettici potrebbero pensare che questo "spacciare" per migliore il proprio immobile sia una sorta di truffa ai danni di chi acquista; ma è esattamente il contrario.

Se altri propongono i propri immobili in cattive condizioni, perché dovresti farlo anche tu? Ti faccio un esempio: immagina di doverti proporre in un'azienda per un importante colloquio di lavoro. Sai che si presenteranno molti candidati, non sai quanti ma sai che saranno in molti, e sai che, per avere una possibilità in più rispetto a tutti gli altri dovrai "venderti" al meglio per fare una buona impressione giusto?

A questo punto come decidi di presentarti:

- con dei vestiti sporchi e maleodoranti, e i capelli spettinati;
- con uno dei tuoi abiti migliori, ben profumato e con i capelli in ordine.

Scommetto che per buon senso sceglieresti la seconda opzione. Questo non vuol dire truffare il tuo futuro datore di lavoro. Il tuo valore lo dimostreresti con il tempo in azienda, anche se saresti la stessa persona sia vestito bene che male. Semplicemente faresti un'ottima (e soprattutto una migliore) impressione durante il colloquio, che ti permetterebbe di avere molte più possibilità di essere assunto. Con gli immobili consideriamo lo stesso principio.

SEGRETO n. 12: è dimostrato che l'acquirente formula la decisione all'acquisto di un immobile nei primi 90 secondi della visita. E questo vale anche per gli immobili in locazione. Possiamo dire quindi che la scelta della casa di solito avviene in seguito ad vero e proprio colpo di fulmine.

Per guidare questo processo ci vuole una gran tecnica, un'abilità non comune di catturare il visitatore. Proprio come avviene anche per te ogni giorno quando devi acquistare qualcosa di importante, il visitatore entra in casa tua con aria scettica e critica nei confronti di ciò che si aspetta di trovare.

Sarà interessante vedere cambiare la sua espressione quando si troverà nel bel mezzo di un ambiente straordinario (inteso come fuori dall'ordinario, non comune). Il visitatore comincia a guardare ovunque, muove il capo a destra e a sinistra, respira gli odori della casa, scruta ogni singolo particolare dal quale è attratto.

Percorrendo i primi passi dopo l'ingresso decide se la casa è interessante oppure no. Giudica tutto con superficialità in pochi secondi, nei primi istanti della visita.

È qui che si gioca la tua sfida con la sua attenzione. Devi essere cauto, capire cosa si aspetta, immaginarlo mentre visita le stanze, offrirgli subito gli argomenti migliori della tua casa. Senza esitazioni o preamboli perché nessuno ti regala mai il suo tempo: te lo devi conquistare. Ecco perché si dovrebbe utilizzare l'home staging come strumento chiave di *ogni* acquisizione e vendita immobiliare.

Comportati come un investitore: investi parte del tuo tempo in formazione (se sei arrivato a leggere fino a questo punto lo stai già facendo) e investi piccole somme per realizzare un buon intervento di home staging che ti garantirà un ottimo ritorno sul tuo investimento. Chi, per risparmiare, decide di non spendere soldi per una casa che deve vendere, si troverà costretto a scontare il suo immobile al momento della vendita e quindi il suo risparmio iniziale non sarà servito a niente. Ma vediamo ora come proporre una casa in vendita. Solitamente gli annunci immobiliari vengono strutturati con una breve descrizione dell'appartamento, ecco un esempio:

Appartamento di 80 mq. Zona centro storico composto da: ingresso su ampio soggiorno, cucina abitabile, due camere, bagno e balcone. Completano la proprietà cantina condominiale e box auto. Prezzo 150.000 € trattabili.

Seguiti da una foto di una stanza oppure, se all'interno la casa non è presentabile, si opta per la foto dell'esterno, se non addirittura della planimetria (questo avviene nei casi migliori). Ho visto spesso annunci senza foto e con una descrizione ridicola del tipo:

Appartamento in centro città. Buone condizioni interne. Box. Trattative in sede.

Analizziamo velocemente l'annuncio tralasciando per il momento le foto (delle immagini parleremo nel capitolo seguente). Le descrizioni citate precedentemente non elencano il benché minimo dettaglio che aiuti a identificare l'immobile, si basano soltanto sul taglio dell'appartamento e sull'esclusività della zona centrale.

È sempre divertente vedere annunci con scritto *prezzo trattabile*. Credo che nessuno, nemmeno chi lo scrive, sappia interpretare cosa voglia dire, sapendo che comunque un compratore proverà a trattare il prezzo se è troppo alto o se non è supportato da una giusta motivazione.

Consideriamo che, nei giornalini di annunci periodici e sui portali immobiliari in rete, ci saranno decine se non centinaia di offerte relative ad appartamenti di quel tipo. Molto spesso nemmeno lo stesso proprietario dell'immobile riconosce che l'annuncio tratta proprio il suo appartamento! Come possiamo sperare di attirare l'attenzione di un potenziale acquirente interessato?

Tale strategia, secondo la politica di alcune agenzie immobiliari, permetterebbe di acquisire un potenziale cliente tramite la telefonata che quest'ultimo sarà costretto a fare in ufficio per chiedere informazioni. Posso essere d'accordo se l'obbiettivo è ampliare il portafoglio clienti.

Ma se invece avessimo la necessità di liquidare la nostra proprietà nel tempo più breve possibile, quel tipo di proposta è assolutamente controproducente.

È anche vero che la vita di un'agenzia immobiliare non è semplice: la concorrenza è spietata e quello che accade spesso è di avere immobili non in esclusiva e quindi di dover dividere la trattativa con altre agenzie concorrenti. Molti agenti immobiliari sostengono che i loro servizi sono migliori di quelli delle altre agenzie. La verità è che offrono, più o meno tutti, lo stesso servizio. Inoltre ne nascono di nuove in continuazione, spesso anche a pochi metri di distanza una dall'altra, senza offrire alcun incentivo particolare se non quello del marchio riconosciuto (se si tratta di un franchising). Ci si aspetta però che, dopo essersi sparsa la voce, e dopo un breve sopralluogo "in zona" per farsi conoscere, inizi ad avviarsi il loro giro d'affari. Con queste premesse non c'è da sorprendersi se, molti esercizi commerciali aprano e chiudano, nel giro di un anno o poco più.

SEGRETO n. 13: dai un'identità alla tua offerta. Cerca di distinguere il tuo annuncio rispetto ai concorrenti e fa sì che la gente ricordi le tua proposta dopo averla letta.

Avere e utilizzare competenze di home staging è complementare all'attività di agente immobiliare e serve ad avere una personalità in più rispetto ai concorrenti. Il servizio sarà sicuramente apprezzato dai clienti che favoriranno il business dell'agenzia garantendo un ottimo e veloce passaparola. Gli sforzi per farsi notare tra la folla saranno ricompensati quando i feedback di altri clienti soddisfatti parleranno dello speciale servizio che quella nuova agenzia offre in più per loro.

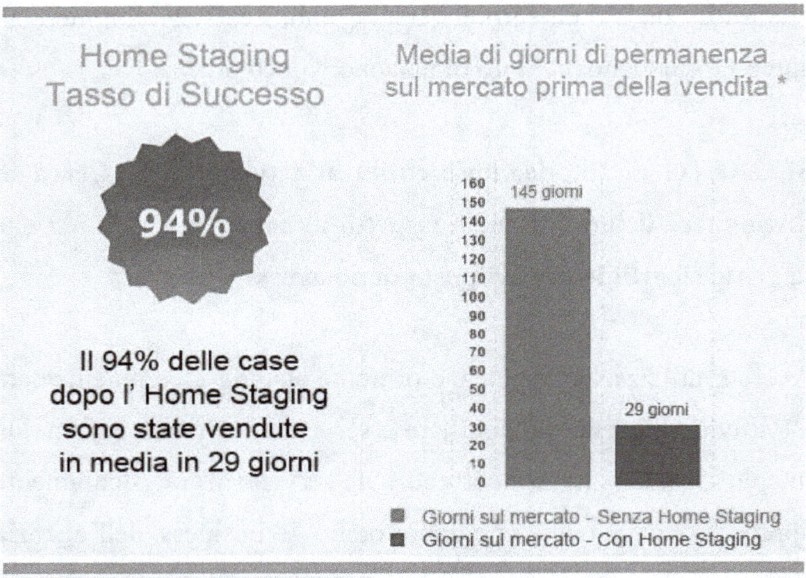

* Le statistiche si basano sull'andamento del mercato in corso

Hai mai provato sfogliare le pagine di un qualsiasi giornalino di annunci immobiliari? Decine di proposte uguali tra loro! Spesso sono anche ripetuti gli stessi immobili più di una volta. Come fai a scegliere? Di solito si decide di telefonare per avere qualche informazione in più; attirati magari dal prezzo più basso o dalla location (due cose che, sottolineo di nuovo, non sempre vengono espresse nella descrizione).

Indiscutibilmente stiamo parlando del modo peggiore di selezionare una casa: **non sono i pregi dell'immobile a determinare la scelta, ma un confronto approssimativo e non informato tra le proposte disponibili. Questo si rivela quasi sempre una fastidiosa perdita di tempo.** Mettere in vendita la tua casa senza pensare a un modo per distinguerla e valorizzarla rappresenta un grande rischio. Puntare sul fatto che, prima o poi, salterà fuori qualcuno interessato all'acquisto, potrebbe voler dire parecchi mesi (o anche anni) di permanenza sul mercato con la conseguente perdita da parte tua di:

a) soldi;
b) tempo;
c) stress;
d) impegno.

Se il tuo obbiettivo è liberarti velocemente di un'immobile, creare annunci e presentare la proprietà come fanno tutti non è certo il modo migliore per raggiungerlo. Come fare allora? Uno dei modi migliori è quello di dare più valore alla tua offerta. Volevo citare una vicenda che mi fece realmente comprendere l'efficacia dell'home staging nelle vendite immobiliari. Era il 2009 e già da un paio d'anni mi interessavo al settore immobiliare, studiavo le tecniche di negoziazione e le tecniche di vendita, inoltre ero innamorato del design e dell'arredamento di interni. Feci anche delle ricerche sui principi base della scenografia e ne compresi l'importanza in tutti i settori commerciali. Questo per il mio percorso formativo fu essenziale.

SEGRETO n. 14: non c'è molta differenza tra il dover vendere un'auto e il dover vendere un immobile, entrambi hanno essenzialmente la stessa necessità di essere presentati nel migliore dei modi, scenograficamente parlando.

Difficilmente saremmo invogliati a indossare un capo di abbigliamento esposto male su un manichino, o di essere attratti da una vetrina spoglia e disordinata vero? Allo stesso modo sarà difficile trovarsi da un concessionario di auto e vedersi proporre una vettura sporca e con gli interni maleodoranti non è così? Se questo dovesse accadere, scommetto che il venditore avrebbe scarsissime possibilità di venderti il prodotto che cerchi, nonostante esso risponda a determinati requisiti tecnici ed emotivi. La stessa cosa dovrebbe accadere per gli immobili, mi dissi, ma nessuno a quell'epoca sfruttava questi principi in campo immobiliare.

Decisi quindi che era giunto il momento di mettersi in gioco e di testare le mie teorie sulla mia pelle rischiando in prima persona. Mi misi subito alla ricerca di un immobile con determinate caratteristiche: doveva essere invenduto da tempo, dall'aspetto fatiscente ma con buone qualità nascoste ma soprattutto avrei dovuto spuntare un ottimo prezzo, compatibilmente con le disponibilità economiche che avevo da parte della banca.

In quegli anni svolgevo un lavoro dipendente con un contratto a tempo indeterminato presso un negozio di arredamento: fu la mia nave scuola per eccellenza e devo molte delle mie conoscenze attuali a tutto il team di persone che ci lavoravano e al titolare che è stato anche il mio Mentore per diversi anni.

Alla fine ci vollero quattro mesi per trovare ciò che faceva al caso mio. Un giorno quasi per caso, lessi un annuncio su un periodico che catturò la mia attenzione; era un annuncio che si ripeteva almeno da cinque o sei mesi, sempre con la stessa descrizione e sempre con la stessa squallida foto. Si trattava di un piccolissimo bilocale di 40 mq al quarto piano senza ascensore di un palazzo degli anni Settanta, che fu abitato per anni come dormitorio da cinqu inquilini abusivi che avevano reso l'aria irrespirabile. Le condizioni interne dell'appartamento erano pessime: i pavimenti e i mobili distrutti, le pareti muffe e ingiallite facevano da sfondo alle cinque brandine maleodoranti di cui era magramente arredato il bilocale. «È perfetto!» pensai.

Lo vidi due volte prima di firmare il preliminare ma già dalla prima visita seppi cosa avrei dovuto fare per ridare valore a quell'appartamento. Tra gli agenti immobiliari che svolsero il ruolo di mediatori ci fu stupore alle mie parole quando sostenni fermamente che era mia intenzione rimettere in vendita l'appartamento al 30% in più di quanto l'avessi pagato io e che sarei riuscito a venderlo in soli due mesi. Increduli fecero bene il loro lavoro e mi permisero di ottenere un forte aggiustamento del prezzo e accordarmi con il venditore per avere uno sconto sulla richiesta iniziale che era davvero esagerata per le condizioni in cui si trovava l'immobile.

Dopo un paio di mesi andammo a rogito e mi presentai dal notaio da solo con un mutuo al 120% contro ogni aspettativa (considerando il periodo di piena crisi finanziaria). Dopo il rogito, chiavi alla mano, mi misi subito all'opera. Era già tutto pianificato nei minimi particolari, ogni mia giornata aveva un piccolo obbiettivo da portare a termine.

Ci misi circa un mesetto per finire i lavori, svuotare l'appartamento, fare un'accurata pulizia e fare piccoli aggiustamenti di ciò che si poteva recuperare. Comprai un nuovo pavimento in parquet in rovere tinto *wengè* a un ottimo prezzo e lo feci montare, sostituì i sanitari, box doccia e lavabo con un modello molto carino e dalle linee moderne (sempre mantenendo la filosofia “low cost”).

L'impianto idrico e quello elettrico erano a norma quindi risparmiai notevolmente su due interventi invasivi che sono riuscito, con mia grande sorpresa, a evitare. Dovetti però sistemare alcune perdite d'acqua dal soffitto che causavano delle orrende macchie gialle negli angoli delle pareti.

A quel punto mancava solo una bella imbiancata e l'appartamento sarebbe potuto essere a posto ma non era quella la giusta filosofia dell'intervento che avevo deciso di compiere. Lo scopo era infatti quello di dare spazio alla scenografia nelle vendite immobiliari. Presi nuovamente in mano il progetto e studiai accuratamente la disposizione ideale dei mobili e di ogni singolo elemento che avrei dovuto inserire nell'appartamento. Scelsi dei colori tenui e caldi per le pareti, sui toni del tortora, che accompagnavano e sfumavano in modo elegante il calore deciso del parquet.

Optai poi per un arredamento moderno e minimale, sui toni chiari del bianco e dell'avorio che avrebbero creato un netto contrasto con i pavimenti e le pareti. Comprai alcuni mobili qua e la selezionando tra alcune offerte che mi si presentavano durante la ricerca, con l'occhio puntato verso le spese inutili; doveva essere una scenografia quindi non era necessario avere tutto l'arredamento della casa.

Per la zona notte è bastato un letto con i due comodini per determinare quale fosse lo spazio idoneo all'armadio. In questo modo risparmiai sull'acquisto del mobile più impegnativo economicamente e ottenni una migliore resa estetica della camera che appariva più spaziosa e luminosa. Le stesse scelte vennero fatte anche per gli altri ambienti mantenendo le medesime caratteristiche.

SEGRETO n. 15: devi dare un significato a ogni stanza della casa. Nessuno deve chiedersi dov'è la camera da letto o dov'è la cucina. Ogni stanza deve essere mostrata per il ruolo che deve svolgere.

A quel punto mancava solo qualche accessorio carino per rendere l'appartamento caldo e accogliente. Andai alla ricerca di tappeti, cuscini, copriletto, tovagliette, vasi di fiori, tende ecc. Insomma tutto ciò che avrebbe potuto rendere speciale una casa in vendita. Il risultato fu stupefacente!

L'appartamento era irriconoscibile e bastava varcare la soglia per essere travolti da un fresco profumo di pulito. Chi aveva visto l'appartamento prima di allora non credeva ai suoi occhi. Mi diedero tutti del pazzo ad aver speso tutti quei soldi per una casa che avrei dovuto vendere, ma non sapevano che la spesa sostenuta era stata molto ma molto più bassa di quanto potesse sembrare.

Nelle tre pagine seguenti troverai un esempio dei progetti in 3D con un paio di foto dell'appartamento in questione, prima e dopo l'intervento e infine, l'annuncio scritto che è stato usato per la pubblicità.

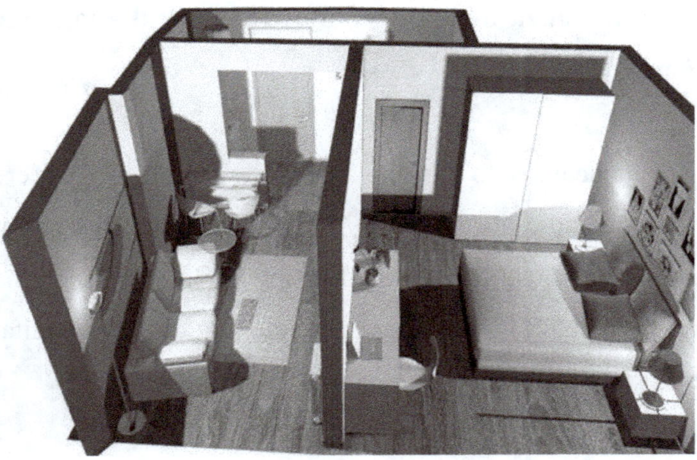

"Appartamento a PAVIA – quartiere CITTÀ GIARDINO: Bellissimo ultimo piano con vista panoramica sul centro città. Situato in una posizione comodissima per le università, la stazione e gli ospedali, raggiungibili a piedi in pochi minuti e ben servita da negozi e mezzi pubblici. Trattasi di un delizioso bilocale finemente ristrutturato, composto di soggiorno con angolo cottura separato, ampia camera matrimoniale, bagno e balcone. Il riscaldamento è centralizzato e le spese condominiali sono bassissime. L'appartamento è libero da subito e pronto per

essere abitato. ASSOLUTAMENTE UNICO! DA VEDERE.
A soli XXX.XXX euro con l'opportunità di avere anche l'arredamento completo come da foto.
CHIAMA SUBITO IL 334 XXXXXXXX".

Con grande sorpresa l'appartamento riscosse un notevole successo fin dai primi giorni, in un mese ci furono 54 nuove visite una delle quali si concluse con una proposta di acquisto più bassa del 2% rispetto alla mia richiesta.

Naturalmente accettai l'offerta perché il margine di rientro dell'operazione era soddisfacente nonostante il ribasso.

Per citare un paio di numeri: l'appartamento è stato acquistato a 80.000,00 €, le spese sostenute per la sistemazione sono state 7.000,00 €, le spese accessorie e tutte le varie tasse e provvigioni sono state circa 10.000,00 € e la rivendita dopo quattro mesi è stata di 117.000,00 € ovvero il suo reale prezzo di mercato. Se consideriamo che con il mio stipendio dell'epoca guadagnavo circa 15.000,00 € netti all'anno lavorando 8/9 ore al giorno per 6 giorni alla settimana e con un'operazione come questa ho potuto guadagnare 20.000,00 € in pochi mesi lavorando effettivamente solo 2/3 ore al giorno. Si può capire che non è affatto male.

Analizzando questo episodio puoi constatare quanto sia importante la "messa in scena" di un appartamento in vendita. Non ho citato questa mia personale esperienza per convincerti a diventare un immobiliarista e nemmeno per spingerti a spendere cifre troppo alte per sistemare una casa da vendere, ma ho citato questa vicenda semplicemente per stimolare il tuo buon senso.

Il buon senso ci permette di vedere le cose con occhi diversi e di ragionare di più sulle scelte e sulle mosse da compiere ogni giorno.

Questo capitolo vuole dimostrare quanto sia facile perdere affari incredibili solo per mancanza di buon senso. Se il precedente proprietario avesse investito quei 7.000,00 € (faccio un esempio utilizzando gli stessi numeri riportati sopra per non creare confusione), invece di provare a vendere l'appartamento in condizioni precarie, avrebbe guadagnato ben 30.000,00 € in più e probabilmente sarebbe durata meno anche la permanenza sul mercato del bilocale.

SEGRETO n. 16: i buoni affari e le possibilità di guadagno passano sotto i nostri occhi ogni giorno, sta a noi avere il corretto stato mentale ed emotivo per percepirli e un briciolo di coraggio per affrontarli e sfruttarne poi tutti i benefici.

Nonostante tutti questi vantaggi, la messa inscena ottimale di una casa e un annuncio attraente, non bastano per facilitare le trattative. Io consiglio sempre di mantenere uno stato mentale positivo soprattutto durante le visite. Possiamo riassumere queste teorie nella *tecnica dell'approccio*.

La tecnica dell'approccio determina le reazioni del visitatore. In qualsiasi trattativa commerciale un cliente è conquistato o perso nei primi trenta secondi di incontro. Se devi vendere una casa, devi fare in modo che il visitatore si senta già a casa propria. Ma come fare per ottenere un buon risultato? Anche in questo caso la fa da padrone il buon senso abbinato a qualche tecnica di persuasione.

Il mio consiglio primario è quello di partire bene sin dal principio e mantenere tutto il rapporto su un piano informale. Ecco cosa ti suggerisco di fare:

- accogli i visitatori con un cordiale benvenuto. Spesso mi è capitato di visitare una casa e trovare un ambiente ostile e poco accogliente ed è una cosa che non fa affatto bene al possibile compratore perché non lo mette nel corretto stato d'animo per decidere; sforzati di essere gentile con tutti, so bene che non è mai bello dover lasciare la propria casa ma se hai deciso di vendere un immobile devi fare di tutto per portare a termine l'obbiettivo;
- è buona prassi mettere subito a loro agio i visitatori magari chiedendo loro se gradiscono un bicchiere d'acqua o un caffè. Ricorda che sono ospiti e anche questa gentilezza fa parte del processo di accoglienza. Non bisogna essere freddi e frettolosi di concludere la vendita, anzi, bisogna cercare di distogliere per qualche istante l'attenzione del visitatore dalla trattativa;
- fai accomodare con modi cortesi gli ospiti sul divano e chiedi loro i motivi per cui cercano casa in quella zona. È un buon modo per interagire e creare un dialogo. Fa sempre bene rompere il ghiaccio e dimostrarsi interessati, inoltre è utile

capire i motivi del loro probabile acquisto perché la loro risposta ti potrebbe servire per approfondire i punti forti della casa;

- metti in buona luce prima te stesso e poi la tua casa. È assai utile cercare di guadagnarsi la fiducia dei visitatori con il dialogo, far capire loro che stanno parlando con persone per bene e che possono fidarsi di quel che viene detto loro;
- durante la visita della casa chiedi loro se desiderano essere accompagnati oppure se preferiscono visitare la casa liberamente. Questo è un evidente segnale di cortesia che genera fiducia, dimostra inoltre che non si ha nulla da nascondere;
- alla fine della visita all'interno della casa, accompagna i visitatori fino alla macchina e mostra loro i servizi che offre la zona nelle vicinanze. Questo dimostra la tua disponibilità e rafforza l'apprezzamento del quartiere oltre che della casa.

RIEPILOGO DEL CAPITOLO 3:

- SEGRETO n. 11: Individua i pregi della casa e mettili in evidenza. Se la tua casa ha un grande potenziale ma viene presentata in un cattivo stato sugli annunci e sui siti di settore, nessuno la noterà.
- SEGRETO n. 12: È dimostrato che l'acquirente formula la decisione all'acquisto di un immobile nei primi 90 secondi della visita. E questo vale anche per gli immobili in locazione. Possiamo dire quindi che la scelta della casa di solito avviene in seguito ad vero e proprio colpo di fulmine.
- SEGRETO n. 13: Dai un'identità alla tua offerta. Cerca di distinguere il tuo annuncio rispetto ai concorrenti e fa sì che la gente ricordi le tua proposta dopo averla letta.
- SEGRETO n. 14: Non c'è molta differenza tra il dover vendere un'auto e il dover vendere un immobile, entrambi hanno essenzialmente la stessa necessità di essere presentati nel migliore dei modi, scenograficamente parlando.
- SEGRETO n. 15: Devi dare un significato a ogni stanza della casa. Nessuno deve chiedersi dov'è la camera da letto o dov'è la cucina. Ogni stanza deve essere mostrata per il ruolo che deve svolgere.

- SEGRETO n. 16: I buoni affari e le possibilità di guadagno passano sotto i nostri occhi ogni giorno, sta a noi avere il corretto stato mentale ed emotivo per percepirli e un briciolo di coraggio per affrontarli e sfruttarne poi tutti i benefici.

CAPITOLO 4:
Come arredare una casa con 2.900 €

Vi sono innumerevoli modi per mettere in opera un ottimo intervento di home staging. In questo settore la creatività e il buon gusto la fanno da padrone e potremmo dire che sono due elementi necessari per compiere l'operazione in modo efficace. Ricordiamo però che il nostro obbiettivo primario è quello del risultato migliore con la minima spesa quindi dobbiamo adeguare i costi con ciò che l'intervento in questione richiede.

Di seguito troverai un catalogo molto utile che rappresenta il mio strumento di valutazione di un intervento con una sorta di listino prezzi di tutto ciò che potrebbe essere necessario per la valorizzazione di un appartamento e dove reperirlo. Ho preparato una selezione di oggetti adeguata al mercato italiano, ma potrebbe estendersi a qualsiasi nazione del mondo in modo tale che, se la casa da vendere si trovasse all'estero, non avresti difficoltà a reperire i prodotti.

SALOTTO & SOGGIORNO

- Divano a tre posti lineare mod. EKTORP di

  Il prezzo di questo prodotto nella versione in tessuto Blekinge bianco è di **299,00 €**.

- Divano a tre posti lineare mod. EKTORP di

  Il prezzo di questo prodotto nella versione in tessuto Idemo marrone chiaro costa leggermente di più del bianco ovvero **349,00 €**.

- Divano a due posti lineare mod. SANDBY di IKEA®
  Il prezzo di questo prodotto nella versione in tessuto Blekinge bianco è di **199,00 €**.

- Divano a due posti lineare mod. KLIPPAN di IKEA®
  Il prezzo di questo prodotto nella versione in tessuto Skinnarp bianco o arancione è di **199,00 €**.

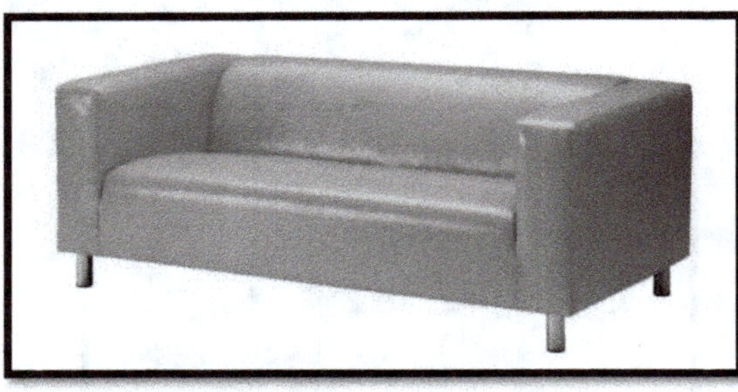

- Poltrona mod. TULLSTA di IKEA®

  Il prezzo di questo prodotto nella versione in tessuto Ransta grigio scuro è di **79,00 €**.

- Poltrona mod. PELLO di IKEA®

  Il prezzo di questo prodotto nella versione Holmby è di **34,95 €**.

- Poltrona mod. RÖRBERG di IKEA®

  Il prezzo di questo prodotto nella versione Leaby bianco o nero è di **99,00 €**.

- Poltrona mod. ECTORP JENNYLUND di IKEA®

  Il prezzo di questo prodotto nella versione in tessuto Blekinge bianco è di **159,00 €**.

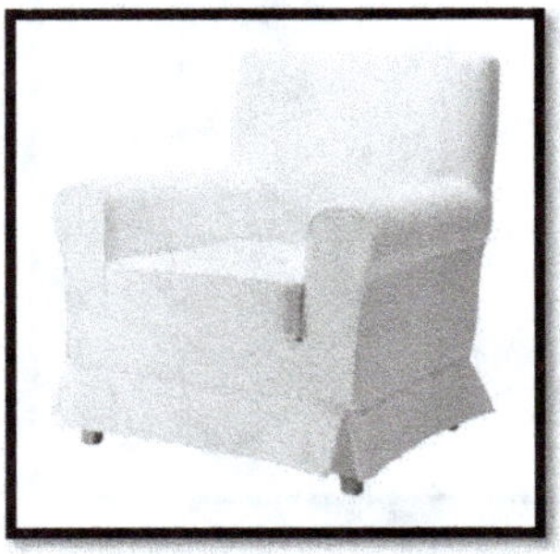

- Poltrona mod. KLINTHULT di

  Il prezzo di questo prodotto nella versione marrone e color argento è di **79,90 €**. (perfette in coppia)

- Chaise-longue mod. KARLSKRONA di

  Il prezzo di questo prodotto è di **99,00 €**.

- Mobile per TV mod. LACK di IKEA®

  Il prezzo di questo prodotto da 150 x 71 cm è di **49,95 €**.

- Parete attrezzata mod. BESTA di IKEA®

  Il prezzo di questa composizione è di **351,00 €**.

- Set Boutis + federa per guanciale di MAISONS DU MONDE

  Il prezzo di questo set cm è di **159,00 €**.

- Tavolino mod. LACK di IKEA

  Il prezzo di questo prodotto in legno bianco o nero è di **4,99 €**.

- Libreria mod. EXPEDIT di IKEA®

Il prezzo di questo prodotto da 150 cm di altezza è di **59,90 €**.

- Vaso mod. OVANLING di IKEA®

Il prezzo di questo prodotto in bianco o nero è di **0,99 € cad**.

- Serie mod. BIGARRÅ di IKEA

  Il prezzo di questa serie come da foto è di **22,47 €** (escluse piante e candela).

- Tappeto mod. GARCON di ZARA HOME

  Il prezzo di questo prodotto da 70 x 200 cm è di **22,99 €**.

- Tappeto mod. KOLDBY di IKEA®

  Il prezzo di questo prodotto in pelle di mucca in vari disegni e colori è di **149,00 €**.

- Lampada mod. LAMPAN di IKEA®

  Il prezzo di questo prodotto in bianco, nero o rosso è di **2,99 €** (esclusa lampadina E14 da 5,99 €).

- Tappeto mod. LUDDE di IKEA®

  Il prezzo di questo prodotto in pelle di pecora bianco o grigio è di **39,95 €**.

- Tenda mod. SARITA 2 teli di IKEA®

  Il prezzo di questo prodotto in nero, blu, lilla o rosso è di **7,99 €** (escluso kit gancio, pattino e clip da 4,99 €).

- Lampada da terra mod. NOT di IKEA®

  Il prezzo di questo prodotto di **6,99 €** (esclusa lampadina E27 da 5,99 €).

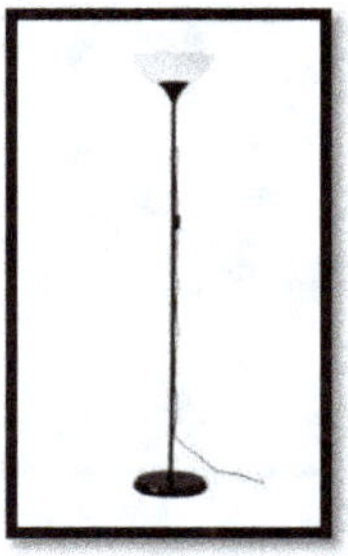

- Lampada da terra mod. SPHERE CHROME di MAISONS DU MONDE

  Il prezzo di questo prodotto h. 200 cm è di **79,00 €**.

- Tavolo con sedie mod. LAVER di IKEA®

  Il prezzo di questo set completo di tavolo in vetro e alluminio e quattro sedie bianche e alluminio è di **69,90 €**.

- Tavolo mod. DOKSTA di IKEA®

  Il prezzo di questo prodotto in bianco è di **119,00 €**.

- Letto matrimoniale mod. MALM di IKEA®

  Il prezzo di questo prodotto in finitura bianco o tinte legno è di **159,00 €** (esclusa rete SULTAN LURÖY 33,90 **€** materasso e federe).

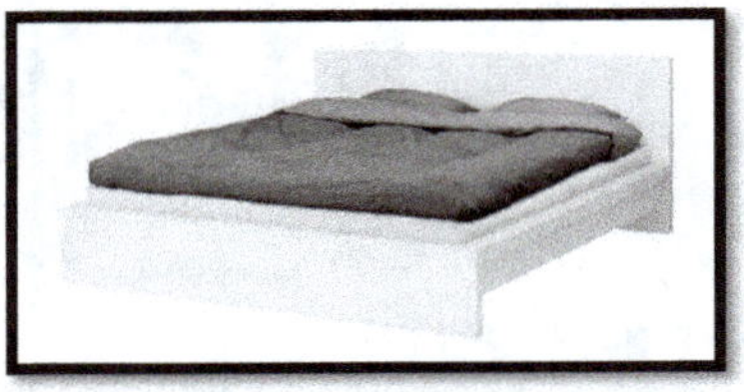

- Copripiumino mod. TANJA BRODYR di IKEA®

  Il prezzo di questo prodotto con quattro federe coordinate marrone, bianco sporco, porpora o arancione è di **69,00 €** (esclusa trapunta MYSA GRÄS 5,99 € e guanciali GOSA SLÅN 1,49 € x 4 pezzi).

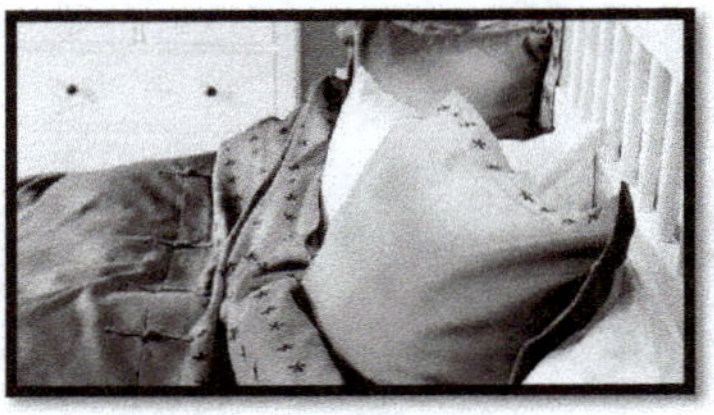

- Biancheria da letto mod. SERPIENTE di ZARA HOME

  Il prezzo di questo set composto da lenzuolo di sopra, cinque federe di guanciale coordinate è di **129,96 €**.

- Gruppo letto mod. MALM di IKEA

  Il prezzo di questo gruppo composto di comò a tre cassettoni e da due comodini a due cassetti in finitura bianco o tinte legno parte da **124,90 €**.

- Materasso matrimoniale mod. PRIMAVERA di Mondo Convenienza

  Il prezzo di questo prodotto è di **58,00 €**.

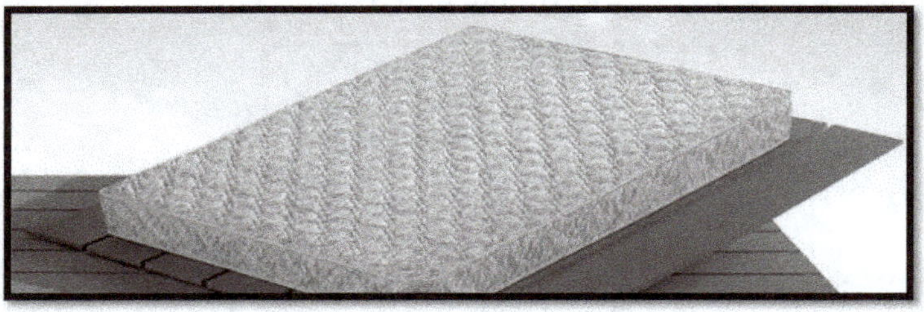

- Chauffeuse calda mod. TALPA di MAISONS DU MONDE

  Il prezzo di questo prodotto 230 x 150 cm è di **15,90 €**.

- Tappeto mod. JERSEY di MAISONS DU MONDE

  Il prezzo di questo prodotto nella versione 160 x 230 cm è di **99,00 €**.

- Sgabello mod. CECIL di ZARA HOME

  Il prezzo di questo prodotto in legno bianco è di **35,99 €**.

- Sacchetto per indumenti mod. DRY CLEAN di ZARA HOME

  Il prezzo di questo prodotto è di **19,99 €**.

- Set di asciugamani mod. ORTA di ZARA HOME

  Il prezzo di questo set completo di fiocco con asciugamano viso, asciugamano ospite e telo bagno è di **39,97 €**.

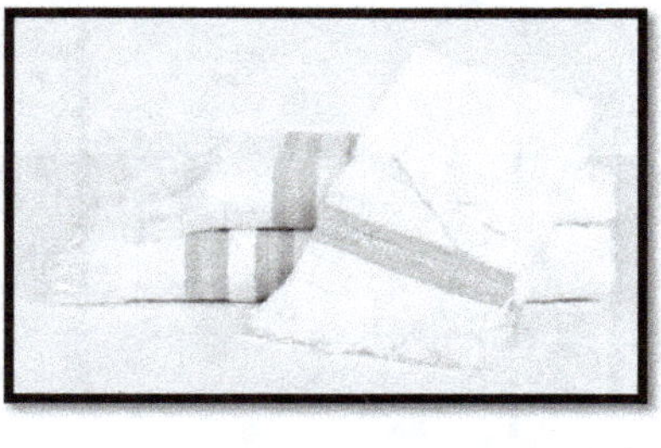

- Set per bagno mod. MATE di ZARA HOME

  Il prezzo di questo set completo vassoio, bicchiere, portasapone e dosatore è di **31,96 €**.

- Barattolo mod. PEANA di ZARA HOME

  Il prezzo di questo prodotto in vetro è di **17,99 €**.

- Set di ceste mod. HELENE di ZARA HOME

  Il prezzo di questo set composto da tre cestini quadrati in fibra vegetale e stoffa è di **34,97 €**.

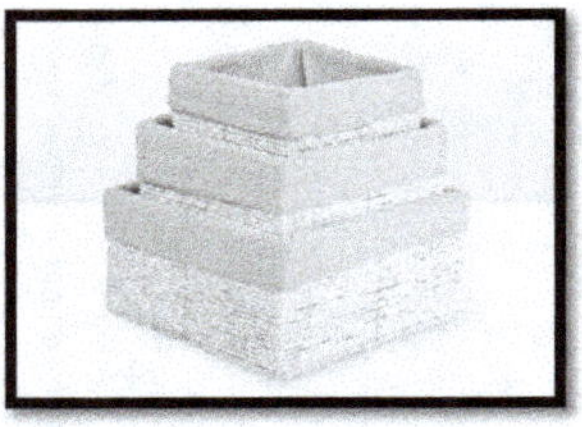

- Lanterna HERITAGE di MAISONS DU MONDE

  Il prezzo di questo prodotto in metallo e vetro è di **34,90 €**.

- Set quadri mod. PJÄTTERYD di IKEA®

  Il prezzo di questo set composto da tre quadretti da 58x58 cm è di **49,95 €**.

- Deodorante per ambiente mod. DARK AMBER di ZARA HOME

  Il prezzo di questo prodotto in stock è di **17,99 €**.

- Candele profumate mod. TINDRA LJUV di IKEA

  Il prezzo di questo set composto da tre candele profumate con bicchiere è di **4,49 €**.

- Decorazione mod. KNASTER di IKEA

  Il prezzo di questo set composto di pietre piccole di vari colori è di **1,99 €**.

- Portavasi mod. MANDEL di IKEA®

  Il prezzo di questo prodotto da 14 cm è di **2,99 €** (escluse le piantine).

ATTENZIONE: i prezzi espressi in precedenza fanno riferimento ai listini esposti dalle rispettive aziende sopra citate durante il corso dell'anno 2011. Qualsiasi variazione o aumento di prezzo per gli anni a venire non può in alcun modo essere previsto né citato dal presente corso.

Questa la potremmo definire una minima selezione di prodotti a nostra disposizione per creare un'adeguata valorizzazione di una casa. Ho cercato di inserire una serie di prodotti variabili per prezzo e per tipologia ma vi sono infinite possibilità quanta è la fantasia e la creatività di chi esegue il lavoro. Per non parlare dei decori naturali o dalle composizioni floreali che si possono utilizzare e che non sto a elencare.

SEGRETO n. 17: non acquistare mobili e accessori troppo costosi. L'alta qualità dei prodotti in questo caso non è essenziale anzi, potrebbe risultare dannosa per il tuo portafogli.

A pagina 102 ti propongo un esempio concreto di un intervento di home staging che ho eseguito in un appartamento di nuova costruzione invenduto da oltre quattro anni.

Il suo valore di mercato dell'epoca era di 180.000,00 € ma i costruttori disperati a causa dello scarso numero di visite decisero di proporre la casa a 155.000,00 €. Nonostante questo sconto sul prezzo non ebbero alcuna proposta da valutare. Non è difficile intuire in che situazione si possa trovare una persona in queste condizioni; più il tempo passa e più salgono i debiti oltre al rischio di non vendere mai quella casa.

Il costruttore si rivolse a noi e decidemmo di fare un tentativo. Dopo un primo sopraluogo ebbi ben chiare in mente quali fossero le ragioni che allontanavano ogni possibile compratore. La casa aveva davvero un grande potenziale ma veniva proposta in modo terribile: quattro lunghi anni di finestre chiuse, insetti di ogni specie e ragnatele ovunque, sabbia e foglie secche in ogni stanza e dei sacchi di cemento per di più rotti, in mezzo a quello che sarebbe dovuto essere il soggiorno.

C'era da fare un buon lavoro con un budget di 3.000,00 € che i proprietari misero a disposizione per questo intervento.
La prima cosa da fare era pulire accuratamente ogni angolo della casa, dentro e fuori. Poi avrei dovuto acquistare alcuni mobili per rendere la casa più accogliente.

Avevo pensato che il salotto dovesse essere la zona più curata della casa in quanto l'ingresso accedeva direttamente in questo locale al piano terra. Era molto luminosa grazie alla porta finestra e quindi non volli occupare troppo gli spazi con oggetti inutili. Il minimo indispensabile per far capire come sfruttare al meglio lo spazio di questo ambiente.

Ecco il prima e il dopo:

Facciamo un breve riepilogo dei costi relativi all'ambiente mostrato nella pagina precedente:

- divano a 3 posti bianco: **299,00 €**;
- tavolino da salotto bianco: **4,99 €**;
- chaise-longue in legno: **99,00 €**;
- 2 tappeti: **198,00 €** (99,00 € cad.);
- libreria bianca: **59,00 €**;
- tavolo con 4 sedie: **69,90 €**;
- mobile porta TV: **49,95 €**;
- lampada da terra: **6,99 €**;
- set di 3 quadretti: **49,95 €**;
- set di vasi con piante: **29,00 €**.
- **TOTALE = 865,78 €**

SEGRETO n. 18: non posizionare gli arredi senza uno studio preventivo degli ingombri. Se non ritieni di essere in grado di valutare le posizioni corrette di ogni cosa affidati a un professionista piuttosto che fare errori dannosi.

Lo stesso lavoro è stato eseguito sulle altre stanze della casa con una spesa totale di **2.438,47 €** per ottenere questo risultato:

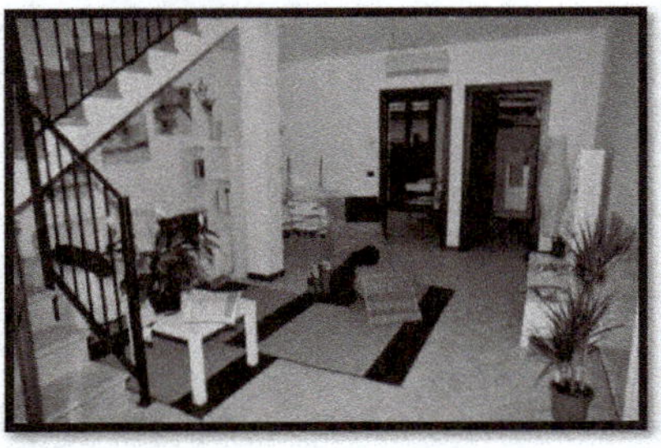

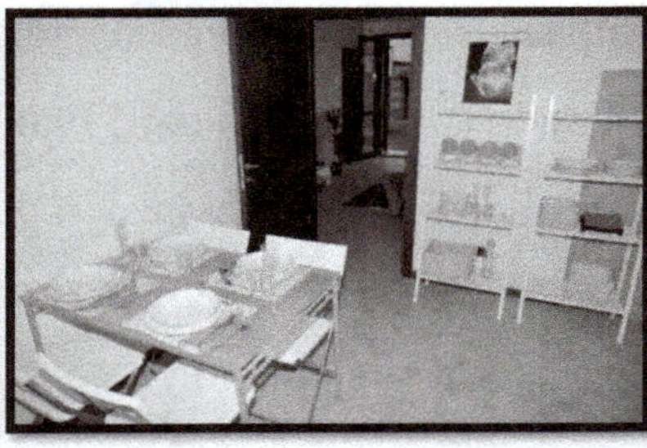

Abbiamo variato anche l'annuncio con cui veniva proposta la casa e riscritto come segue:

San Martino Siccomario Fraz. La Rotta – a 2 km da Pavia

In piccolo contesto composto da tre unità immobiliari, proponiamo un bellissimo trilocale di 88 mq semi indipendente di nuova costruzione disposto su due livelli e così composto: Piano terra: ingresso con ampio soggiorno con sala da pranzo open space, cucina abitabile, antibagno e bagno. Primo piano: anticamera, camera matrimoniale, cameretta/studio, bagno con vasca e doccia, tutto con tetto mansardato e travi a vista in legno. L'appartamento ha un piccolo giardinetto fronte casa e sul retro. Comodo parcheggio, nessuna spesa aggiuntiva né condominiale, termoautonomo, aria condizionata in tutte gli ambienti con controlli separati! Capitolato di pregio e ottimamente finito nei particolari, pavimenti in porcellana e pareti cucina e bagni in ceramica, serramenti in legno di Pino di Svezia con doppi vetri antisfondamento. L'appartamento è dotato di porta blindata e allarme.

Prezzo: 173.000,00 Euro

L'intervento di home staging ha dato ottimi risultati. Ci fu un notevole incremento delle visite grazie all'annuncio e alle belle foto proposte. Le offerte cominciavano ad arrivare fino a quella soddisfacente che i costruttori accettarono con grande gioia. Questa vicenda dimostra che le azioni descritte in questo volume possano realmente aumentare le probabilità di vendere.

SEGRETO n. 19: cerca di ottenere il massimo risultato dalla casa quando è il momento di proporla sul mercato. È un grosso errore proporre un immobile senza preoccuparsi di valorizzarne ed evidenziarne i punti forti.

A pagina 107 riporto una sintesi dei risultati dell'indagine nazionale Americana Home Gain, basata sulle dieci aree di miglioramento individuate dalle agenzie immobiliari che operano nel territorio Americano. Sono elencati dal più alto al più basso i ritorni sugli investimenti delle tecniche di home staging.

Naturalmente i parametri e la valuta sono raffigurate in dollari ma rimane comunque utilissima per capire le diverse possibilità di successo anche nel mercato Italiano.

Top 12 miglioramenti per vendere casa:

Intervento	Costo Medio	Aumento Del Valore	Ritorno dell'Investimento	% dei Mediatori Raccomandano
Pulire e Riordinare	$ 100 - $ 200	$ 100 - $ 200	872,00%	98,00%
Scenografia	$ 300 - $ 400	$ 1500 - $ 2000	586,00%	82,00%
Alleggerire e Rinfrescare	$ 200 - $ 300	$ 1000 - $ 1500	572,00%	95,00%
Sistemazione del Paesaggio	$ 300 - $ 400	$ 1500 - $ 2000	473,00%	94,00%
Riparazione degli Impianti Idraulici	$ 300 - $ 400	$ 1000 - $ 1500	327,00%	88,00%
Riparazione dell' Impianto Elettrico	$ 300 - $ 400	$ 1000 - $ 1500	309,00%	89,00%
Pulizia dei Tappeti	$ 400 - $ 500	$ 1000 - $ 1500	295,00%	97,00%
Ridipingere le Pareti Interne	$ 500 - $ 750	$ 1500 - $ 2000	250,00%	94,00%
Riparazione dei Pavimenti Danneggiati	$ 500 - $ 750	$ 1500 - $ 2000	250,00%	91,00%
Sostituzione Cucina	$ 1000 - $ 1500	$ 2000 - $ 3000	237,00%	69,00%
Tinteggiare le pareti esterne	$ 750 - $ 1000	$ 1500 - $ 2000	201,00%	81,00%
Rifacimento del Bagno	$ 750 - $ 1000	$ 1000 - $ 1500	172,00%	70,00%

© HomeGain.com, Inc.

Questo è uno degli argomenti più interessanti ovvero quanto costa un intervento e quanto incrementa il valore della casa, a prescindere dal mercato immobiliare locale.

Definizione di ROI

Il **Return on investment** (o **ROI**, tradotto come **indice di**

redditività del capitale investito o **ritorno degli investimenti**) indica la redditività e l'efficienza economica della gestione caratteristica a prescindere dalle fonti utilizzate: esprime, cioè, quanto rende il capitale investito in quell'operazione

$$ROI = \frac{Risultato\ operativo}{Capitale\ investito\ netto\ operativo}$$

dove per *Risultato Operativo* si intende il risultato economico della sola *Gestione Caratteristica*, mentre per *Capitale Investito Netto Operativo* si intende il totale degli impieghi caratteristici al netto degli ammortamenti e degli accantonamenti, ossia l'*Attivo Totale Netto* meno gli *Investimenti Extracaratteristici* (investimenti non direttamente afferenti all'attività aziendale, ad es.: immobili civili).

I maggiori difetti di tale indice sono:

- il ROI aumenta con il semplice susseguirsi degli esercizi. Ciò perché l'ammortamento cresce di anno in anno riducendo la base contabile; anche se ci si aspetta che l'azienda ponga in essere Capex (da **CAP**ital **EX**penditure, ovvero *spese per* *capitale*) necessari a reintegrare l'obsolescenza fisiologica degli asset;

- al denominatore abbiamo un fondo, mentre al numeratore c'è un flusso: per rendere le due componenti omogenee è consigliabile utilizzare la semisomma del capitale investito all'inizio del periodo considerato e quello alla fine.

Per poter giudicare questo indice bisogna confrontarlo con il costo medio del denaro: se il ROI è inferiore al tasso medio di interesse sui prestiti (i debiti), la remunerazione del capitale di terzi farebbe diminuire il "Return of Equity" ovvero il ROE, si avrebbe cioè una leva finanziaria negativa: farsi prestare capitali porterebbe a peggiorare i conti. Viceversa, se il ROI è maggiore del costo del denaro preso a prestito, farsi prestare denaro e usarlo nell'attività produttiva porterebbe ad aumentare i profitti e migliorare i conti. (Fonte: Wikipedia, l'enciclopedia libera)

Un affermato Home Stager Americano, Dan Skoglund, diede il nome a questo concetto con l'acronimo **ROSI** cioè **Return On Staging Investment**.

SEGRETO n. 20: non dimenticare mai di mettere a bilancio ogni operazione di home staging che esegui. Prima di intraprendere l'operazione metti per iscritto le entrate e le uscite previste fino al termine dello staging e per almeno i tre mesi successivi.

RIEPILOGO DEL CAPITOLO 4:

- SEGRETO n. 17: Non acquistare mobili e accessori troppo costosi. L'alta qualità dei prodotti in questo caso non è essenziale anzi, potrebbe risultare dannosa per il tuo portafogli.
- SEGRETO n. 18: Non posizionare gli arredi senza uno studio preventivo degli ingombri. Se non ritieni di essere in grado di valutare le posizioni corrette di ogni cosa affidati a un professionista piuttosto che fare errori dannosi.
- SEGRETO n. 19: Cerca di ottenere il massimo risultato dalla casa quando è il momento di proporla sul mercato. È un grosso errore proporre un immobile senza preoccuparsi di valorizzarne ed evidenziarne i punti forti.
- SEGRETO n. 20: Non dimenticare mai di mettere a bilancio ogni operazione di home staging che esegui. Prima di intraprendere l'operazione metti per iscritto le entrate e le uscite previste fino al termine dello staging e per almeno i tre mesi successivi.

CAPITOLO 5:
Come avere successo nella vendita

L'home staging funziona!

Voglio prendermi la responsabilità di affermarlo. Si tratta di un processo creativo che propone risultati tangibili e quantificabili. Se la casa viene venduta rapidamente quanto risparmia il venditore anche dal lato emotivo? Un trauma psicologico, lunghi interminabili mesi, o forse anni, di inutili spese e inutili perdite di tempo. Quando, invece, vendere la propria casa rapidamente e a un buon prezzo è fattibile con l'home staging.

In America lo chiamano "Happy Business" e anche a me piace chiamarlo così. Un *business felice* perché ti permette di avere enormi benefici con un minimo investimento di tempo e di denaro. Un *business felice* perché l'acquirente percepirà subito l'amore e il calore che hai dimostrato verso la casa che vuoi vendere e coglierà queste emozioni rendendole sue verso il nuovo acquisto. Un numero sempre crescente di venditori si stanno avvicinando all'home staging capendo come determinati interventi possono aumentare il prezzo di vendita della loro casa.

È dimostrato che una casa con la giusta messa in scena si può vendere dal 6% al 20% in più del prezzo che otterrebbe senza home staging. In un quartiere prestigioso, l'impatto di una corretta scenografia sarebbe ancora più rilevante ovvero dal 20% al 25% in più.

Questa valutazione impatta sui proprietari dell'abitazione, sull'agente immobiliare, sul quartiere, e sulla banca o sul creditore e tutto questo a sua volta influenza l'economia generale.

L'home staging influisce anche sull'acquisto di una nuova costruzione. Io personalmente collaboro con diverse imprese di costruzione per realizzare degli appartamenti modello tra quelli dei loro cantieri di nuova costruzione per incentivare il visitatore all'acquisto dell'appartamento.

Il successo di questo tipo di intervento per le nuove costruzioni è indescrivibile e l'incremento del valore percepito è nettamente superiore rispetto alla spesa investita per realizzarlo. Possiamo definire l'home staging una strategia WIN-WIN che indica la presenza di soli vincitori in una data situazione:

- il costruttore, che vende rapidamente la casa;
- il venditore, che riceve una casa perfettamente in ordine.

Questo rappresenta un tipo di negoziazione nella quale vincono entrambe le parti del negoziato.

È quindi una strategia molto intelligente da parte del costruttore promuovere l'home staging per le sue nuove costruzioni ed è facile percepire come un'attività redditizia sia guidata da uno scopo serio per ottenere il miglior risultato possibile dalle sue trattative. Anche in Italia stiamo cavalcando un'onda di forte interesse verso questo nuovo modo di proporre un'abitazione ed è un bene carpirne ogni singolo vantaggio.

Secondo recenti indagini di mercato, sviluppate su uomini e donne di età tra 25 e 45 anni, ovvero la classe d'età in cui rientra la maggior parte degli acquirenti di abitazioni, la casa ideale da acquistare dovrebbe essere:

a) moderna;
b) accogliente;
c) efficiente;
d) con un tocco di design.

Questa è la casa dei sogni, tra le tendenze in cima ai desideri degli acquirenti che sono più che mai in cerca di soluzioni che consentano di gestire bene gli spazi. Gli individui vogliono vivere in abitazioni più accoglienti, organizzate e più economiche a livello di costi di gestione.

SEGRETO n. 21: dai al cliente un motivo in più per scegliere la tua casa. Anche se stai ristrutturando una casa per venderla le strategie di marketing che permettono di farti ottenere un vantaggio competitivo rispetto agli altri immobili sul mercato sono molteplici.

Ovviamente, durante una ristrutturazione, è impossibile intervenire per rendere la casa più affascinante in quanto si trova in stato di cantiere. Potremmo però aver bisogno di vendere in fretta la casa quindi dovremmo mettere in vendita l'immobile scrivendo "*In fase di ristrutturazione, vendiamo ecc.*" giusto?

Certo! Ma come fare allora per pubblicare un annuncio che ispiri fiducia senza poter mettere una foto adeguata dell'interno?

È molto più semplice di quanto si creda, ma iniziamo con l'elencare invece le cose da non fare:

a) Evitare di condividere annunci con scritto *"Venderemo ecc."*. Non ha senso scrivere la parola *venderemo*, anche perché se annunci la vendita di un immobile vuol dire che lo stai già proponendo e comunque qualcuno potrebbe essere interessato subito a un acquisto anticipato. Il termine *venderemo* crea solo una gran confusione e chi legge passa subito all'annuncio successivo.
b) Non sprecare tempo e denaro inutile per pubblicare il classico annuncio scarno, senza foto, senza descrizione e senza indirizzo del tipo "*Vendiamo appartamenti ristrutturati a Milano. Per info contattare il numero 02... ecc.*" perché di questi annunci se ne trovano tantissimi. Io li considero

ANNUNCI INVISIBILI. Sono annunci che non esprimono assolutamente nessuna emozione, non danno né informazioni ne tantomeno motivi per chiamare il numero riportato. È come mettere su un sito di inserzioni un annuncio del tipo "*Vendo automobile usata. Chiamare il numero 333... ecc.*". Non avrebbe senso giusto?

c) Evitare di mettere annunci con le foto del cantiere. Sarebbe come non metterle. Le foto di un cantiere sono quasi deleterie e si rischia di ottenere l'effetto contrario. Con i tempi che corrono mettere le foto di un cantiere potrebbe far dubitare il cliente sul quando la casa sarà finita. Con la disinformazione che c'è in Italia si sente spesso di case acquistate sulla carta o in fase di ristrutturazione e mai finite, quindi la gente è diffidente verso questo tipo di annunci.

d) Le planimetrie non bastano! Non pubblicare un annuncio mettendo solo una piantina catastale della casa perché la gente difficilmente si soffermerà a vederla. Le persone che non operano nel settore immobiliare fanno fatica a interpretare una piantina catastale in scala 1:200. È troppo piccola e non dimostra affatto le qualità dell'immobile anzi, potrebbe farlo sembrare più piccolo di quanto sia veramente.

Un buon annuncio deve avere la capacità di far immaginare la casa. Per quanto riguarda la descrizione dovrai impegnarti ancora di più a scriverla non avendo delle valide foto dell'appartamento all'interno. Per ovviare invece al problema della mancanza delle foto le soluzioni sono diverse; il mio consiglio è quello di affidarsi anche in questo caso a un home stager esperto che saprà sicuramente consigliarti cosa fare in questo tipo di situazioni. Una soluzione che consiglio sempre, è quella di richiedere un progetto grafico in 3D che mostri come sarà la casa appena terminata la ristrutturazione in corso.

Ci si può affidare a professionisti oppure chiedere a qualche studente di architettura che per pochissime centinaia di euro provvederà a sviluppare un ottimo rendering tridimensionale della tua casa, completa di mobili finiture e colori. Allo stesso modo i più esperti sono anche in grado di realizzare un filmato video in 3D della casa che aiuta ancora di più a percepire la qualità dell'immobile.

SEGRETO n. 22: la qualità delle case viene percepita

proporzionalmente alla qualità dell'annuncio proposto. Se il tuo annuncio è curato nei particolari e completo di informazioni e rendering tridimensionali, la gente percepirà un grande impegno e una grande serietà nel tuo lavoro.

Di seguito troverai un esempio di rendering 3D molto semplice da realizzare ma efficace per far capire come sarà la casa una volta terminata la ristrutturazione.

Considera che i progetti grafici che farai saranno utilissimi all'acquirente anche per l'acquisto dell'arredamento della casa. Di seguito ti propongo un elenco che riporta le dieci regole principali per vendere con successo un immobile.

Ho sviluppato e personalizzato le migliori strategie per attirare potenziali acquirenti disposti a comprare un immobile in vendita. Eccole:

1) **Scegli un agente immobiliare serio e professionale.** Se per vendere la tua casa ti affidi a un'agenzia, scegli con attenzione. Accertati che il mediatore conosca bene la zona, che abbia un'attività ben avviata e un alto portafoglio clienti. Inoltre è fondamentale sapere quale sia la sua reputazione ovvero se nel quartiere parlino bene di lui o meno. Questo potrebbe incidere sui probabili acquirenti dovendo trattare direttamente con lui in privato. In più annuncia la casa in diversi portali immobiliari: quante più opzioni usi, più probabilità avrai di vendere.
2) **Stabilisci in anticipo le condizioni di collaborazione con l'agenzia.** Ricordati di considerare ogni singola spesa in uscita quando si vende una casa, tra cui la commissione dovuta all'agenzia immobiliare. Devi fare in modo di concordare il

prezzo in forma scritta e includere questa spesa nel budget, non dimenticarti di scrivere la percentuale dovuta al mediatore prima di firmare l'incarico. Chiedi di rimanere sempre aggiornato sull'andamento delle visite. Se ti sei affidato a un mediatore professionale devi pretendere un aggiornamento continuo e dei feedback sull'andamento delle visite. Chiedi all'agente immobiliare quali sono i pregi e i difetti e cosa secondo lui potresti ancora fare per migliorare l'aspetto della casa.

3) **Definisci il prezzo più idoneo dell'immobile.** Cerca di essere realista. Quando si vuole vendere un immobile si viene colti dalla tentazione ottenere il massimo dalla transazione, ma nel mercato attuale il prezzo è più importante che mai. Non dimenticarti di controllare i prezzi delle case simili alla tua per farti un'idea sulla coerenza della tua richiesta e, in questo caso, il mio consiglio è anche quello di affidarsi a un esperto che generi una valutazione professionale. Considera che comunque, se anche riuscissi a convincere un acquirente su un prezzo decisamente alto, difficilmente convincerai il perito della banca che dovrà erogargli il mutuo. Rimanendo su questo importante argomento ti suggerisco di fissare il prezzo

di vendita in cifra tonda ad esempio 200.000 € evitando cifre come 218,990 mila €, questo tipo di originalità non fa bene alla vendita. Considera poi che la maggior parte degli acquirenti cerca una casa con un prezzo massimo, ad esempio 200.000 €, tutto ciò che sta al di sopra di questo prezzo resta fuori dal radar dell'acquirente durante le sue ricerche (sui portali internet soprattutto perché sono in grado di selezionare il prezzo massimo richiesto).

4) **Fatti trovare preparato.** Uno dei segreti della vendita è la rapidità. Evita di lasciare ai clienti troppo tempo per riflettere, potresti pagare un prezzo molto alto. Recupera quindi tutti i documenti relativi alla casa e crea un piccolo archivio dedicato a quello, prima ancora di aver trovato un compratore. Raggruppa al suo interno le bollette del gas e della luce e i tagliandi delle tasse, le schede catastali controllando che siano conformi allo stato di fatto dell'immobile, l'eventuale cancellazione della vecchia ipoteca scaduta, il rogito dell'epoca. Non dimenticarti la certificazione energetica e le certificazioni degli impianti, se la casa è ristrutturata. In questo modo ti farai trovare preparato quando qualcuno te le chiederà, e comunque presentare fin da subito al potenziale acquirente le

carte giuste, eviterà dubbi da parte sua e avrai maggiori probabilità di vendere l'immobile.

5) **Metti in ordine la casa, dentro e fuori.** Il caos non funziona! Libera la casa dalle cianfrusaglie: più c'è disordine, più si ha l'impressione che la casa non disponga di spazi liberi. Ricordati che l'acquirente compra quelle che vede non quello che immagina e la prima impressione è quella che conta. Abbiamo già ribadito più volte che l'ordine e la pulizia sono i due fattori fondamentali quando ci sono molte case in vendita e pochi acquirenti. Metti in ordine tutto in modo accurato; ricorda che gli spazi risaltano in base al modo in cui sono gestiti. Quando annunci la vendita di un immobile potresti sempre ricevere qualche visita improvvisa quindi cerca di mantenere il massimo ordine e la massima pulizia alla casa sempre.
6) **Esegui i lavori di manutenzione**. In molti si spaventano per qualsiasi lavoretto ci sia da fare. È importantissimo quindi aggiustare questi piccoli difetti. I clienti cercano sempre di immaginarsi la propria casa durante le visita quindi fai in modo di accoglierli in un ambiente armonico e curato. Abbiamo già citato nelle sezioni precedenti che non è

necessario mettere in atto una ristrutturazione generale, ma basta eseguire quei piccoli lavoretti di manutenzione se ci sono delle crepe o dei particolari rotti, tinteggiare le stanze se ci sono dei colori troppo sgargianti e assicurarsi che sia tutto a posto al momento delle visite. Non dimenticarti di risparmiare su ogni singolo intervento perché anche in questo caso stai investendo sull'ottima riuscita della vendita.

7) **Elimina ogni oggetto riconducibile a te.** La parola d'ordine di questo punto è *spersonalizzare*! Non cercare di indovinare cosa potrebbe piacere ai visitatori, cerca di rendere la casa neutra e pulita. Una bella tinteggiata di bianco e una sistemata agli oggetti basterà per togliere personalità alla casa. Arreda la casa in modo semplice ma ordinato, con pochi oggetti in vista e in economia. Anche nelle foto che proponi sugli annunci è importante che non vi sia niente di superfluo. Ricordati di usare di più la testa e meno il cuore: fai in modo che la casa sia attraente per tutti e non solo per te.
8) **Allontana i bambini o eventuali animali domestici durante le visite.** Mi rendo conto di quanto sia difficile vendere una casa in piena attività familiare. Dobbiamo però sforzarci se vogliamo ottenere una vendita rapida dell'immobile. Gli

acquirenti desiderano visitare gli ambienti con calma, vedere bene gli spazi, aprire le finestre, prendere delle misure, ripercorrere gli ambienti più volte e li metterebbe a disagio fare queste valutazioni durante l'attività familiare. Il mio consiglio in questo caso è quello di lasciare soltanto il visitatore in casa con l'agente immobiliare oppure con chi si sta occupando della vendita quindi rimanere fuori e tenere a bada cani o eventuali animali domestici durante la visita. Se ne avesse la necessità, sarà il visitatore a chiedervi di mostrargli qualche particolare di suo interesse.

9) **Prepara un ottimo annuncio, completo e dettagliato.** L'annuncio e le foto sono il biglietto da visita. La tua casa deve necessariamente essere presente su tutti i portali immobiliari più importanti. Non ignorare il target internazionale; posiziona l'annuncio in modo che sia visibile su tutto il territorio nazionale ma anche all'estero. Il mondo diventa sempre più piccolo e la gente si sposta sempre più di frequente, inoltre l'Italia rimane ancora una meta molto ambita. Scatta tante foto di qualità da diverse angolazioni, di ogni stanza e dall'esterno, assicurandoti che tutto sia in ordine. Nell'annuncio punta sui pregi e sugli extra che differenziano il

tuo immobile dagli altri usando sempre parole molto chiare e comprensibili.

10) **Non demoralizzarti se non riesci a vendere nei tempi prefissati.** Abbi fede e riprovaci! Se nonostante tutti gli interventi di home staging e aver seguito tutte le regole spiegate in questo corso la casa ancora non si vende, forse il problema è davvero il prezzo. Prendi una pausa e cerca di capire se forse il prezzo che chiedi, nonostante tutto è troppo elevato. Ti consiglio di affidarti a un esperto, magari a un geometra o un architetto che sia in grado di darti una valutazione realistica su prezzo da proporre ai visitatori. Tutto dipende dalle tue aspettative e dalle tue esigenze. Se non hai immediato bisogno di liquidità, puoi tentare di modificare piccoli particolari, fare delle foto nuove, mettere di nuovo l'annuncio e mantenere il prezzo inalterato ancora per un paio di mesi. Ma se devi vendere la casa urgentemente, la faccenda cambia. Occorre verificare bene le metrature e stabilire il valore secondo le regole della superficie commerciale, in quanto capita spesso di sopravvalutare le dimensioni effettive della propria casa. A quel punto riconsidera la possibilità di abbassare il prezzo seguendo i consigli degli esperti (il prezzo

medio per una valutazione professionale va dai 200 ai 300 €).

SEGRETO n. 23: credi in te stesso e nelle tue capacità di riuscita. Se non crediamo in ciò che facciamo, se non crediamo di poter fare qualcosa, non riusciremo a farla mai.

Credere in se stessi è molto importante! Sono sicuro che se sei arrivato a leggere fino a qui, vuol dire che sei una persona impegnata, capace di capire che se vuoi ottenere qualcosa di diverso, dovrai necessariamente comportarti in modo diverso e sviluppare la capacità di agire che contraddistingue le persone di successo.

Dobbiamo sempre credere profondamente in quello che facciamo. Se ci diamo degli obbiettivi, che siano concreti e realistici, dobbiamo credere fino in fondo di poterli raggiungere, altrimenti saremo portati a compiere tante piccolissime azioni involontarie che senza rendercene conto ci allontaneranno dal nostro obbiettivo.

Per esempio, se credo fermamente che riuscirò a vendere la mia casa a una determinata cifra, farò tutto il possibile per far si che io raggiunga questo obbiettivo. Mi informerò, leggerò libri sull'argomento, metterò in pratica tutte le regole necessarie per renderla il più affascinante possibile.

Devi fare tua la capacità di gestire le credenze a tuo vantaggio.
Le parole che diciamo o che pensiamo condizionano enormemente i nostri risultati. Se credo in qualcosa, se sono assolutamente sicuro di poter ottenere un certo risultato, mi comporterò in modo tale da avvicinarmi sempre di più a quel traguardo e difficilmente mi arrenderò agli eventi.

Ora chiediti:

- *«Che credenze ho riguardo alla casa che devo vendere?»*
- *«Ho le capacità per renderla più attraente e avere un vantaggio sulle altre proposte simili alla mia?»*
- *«Cosa posso fare oggi per far si che la mia casa acquisti del valore agli occhi degli acquirenti?»*
- *«Quale sarebbe il risultato che otterrei se mi dessi da fare per vendere la mia casa al meglio senza dover scontare il prezzo?»*

SEGRETO n. 24: i risultati che ottieni dipendono dalle azioni che compi per ottenerli. Non servirà a nulla leggere questo corso se poi non metterai in pratica le regole che hai appreso.

RIEPILOGO DEL CAPITOLO 5:

- SEGRETO n. 21: Dai al cliente un motivo in più per scegliere la tua casa. Anche se stai ristrutturando una casa per venderla le strategie di marketing che permettono di farti ottenere un vantaggio competitivo rispetto agli altri immobili sul mercato sono molteplici.
- SEGRETO n. 22: La qualità delle case viene percepita proporzionalmente alla qualità dell'annuncio proposto. Se il tuo annuncio è curato nei particolari e completo di informazioni e rendering tridimensionali, la gente percepirà un grande impegno e una grande serietà nel tuo lavoro.
- SEGRETO n. 23: Credi in te stesso e nelle tue capacità di riuscita. Se non crediamo in ciò che facciamo, se non crediamo di poter fare qualcosa, non riusciremo a farla mai.
- SEGRETO n. 24: I risultati che ottieni dipendono dalle azioni che compi per ottenerli. Non servirà a nulla leggere questo corso se poi non metterai in pratica le regole che hai appreso.

Conclusione

Grazie per esserti dedicato a questa lettura. Dimostri di essere una persona responsabile e che non aspetta che siano gli altri a risolvere i tuoi problemi. Non dimenticare mai di affrontare le difficoltà a testa alta, di guardare sempre avanti e di focalizzarti sul risultato senza mai distogliere lo sguardo.

È proprio in quel momento che si scatena lo stato d'animo di una persona di successo, una persona che corre verso l'obbiettivo, senza aspettare che sia l'obbiettivo ad andare da lei.

Questo è il potere che accende la scintilla del processo che rende visibile l'invisibile, che rende chiare e raggiungibili le possibilità di successo. La formula per ottenere il risultato migliore nella tua vendita non te la può dare nessuno, ma sicuramente le strategie che ti porteranno al successo le puoi trovare scritte all'interno di questo corso.

Io posso solo darti un nuovo modo di vedere le cose, un nuovo modo di proporre una casa in vendita ovvero come merita di essere proposta.

Ho riassunto questo concetto in 5 punti:

1) decidi cosa vuoi ottenere dalla vendita;
2) chiediti come puoi fare per raggiungere quel risultato;
3) agisci con convinzione e metti in pratica ciò che hai imparato;
4) osserva, durante il percorso, che cosa va bene e cosa non va bene;
5) continua finché non sei convinto che il risultato sia soddisfacente.

Decidi cosa vuoi ottenere e passa all'azione. Avere un obiettivo e agire per raggiungerlo mette in moto una serie di avvenimenti che sapranno guidarti inconsciamente verso il risultato che vuoi raggiungere. In questo modo ti apparirà più nitida la strada da seguire per avere successo in questo settore ed anche in tutti gli altri settori della vita. Sappi che non basta leggere questo corso senza mettere in pratica ciò che si è appreso. Un buon risultato nella vendita immobiliare dipende dalla tua volontà di mettere in pratica le regole elencate in precedenza, ricordandoti sempre che la vendita di una casa è determinata da stati d'animo positivi. Il tuo lavoro è proprio quello di ricreare ambienti emozionali nelle stanze della tua casa in vendita, trasferendo nel visitatore una sana positività.

Poniti degli obiettivi, perché gli obbiettivi innalzano il livello di prestazione. Se riusciamo a dare una definizione al nostro obiettivo, a renderlo tangibile, diventa più facile e più realistica la possibilità di raggiungerlo.

Lord Chesterfield diceva: «Gli uomini e le donne si lasciano spesso guidare più dal cuore che dalla mente».

Tu devi essere capace di usare correttamente entrambi.

Buona fortuna.

Simone Cecchi